图书馆 · 情报 · 文献学

国家社科基金项目书系

本书是国家社科基金青年项目“大数据环境下数字出版知识服务研究”（14CTQ028）的研究成果。

大数据环境下的数字出版知识服务

Digital Publishing Knowledge Service in Big Data Environment

郭亚军 著

国家图书馆出版社

图书在版编目(CIP)数据

大数据环境下的数字出版知识服务 / 郭亚军著. —北京:国家图书馆出版社,2020.11

(图书馆·情报·文献学国家社科基金项目书系)

ISBN 978-7-5013-7051-1

Ⅰ.①大… Ⅱ.①郭… Ⅲ.①电子出版物—出版工作—研究 Ⅳ.①G237.6

中国版本图书馆 CIP 数据核字(2020)第 163418 号

书　　名 大数据环境下的数字出版知识服务
著　　者 郭亚军 著
责任编辑 唐 澈
封面设计 陆智昌

出版发行 国家图书馆出版社(北京市西城区文津街 7 号 100034)
(原书目文献出版社 北京图书馆出版社)
010-66114536 63802249 nlcpress@nlc.cn(邮购)
网　　址 http://www.nlcpress.com
排　　版 北京金书堂文化发展有限公司
印　　装 北京科信印刷有限公司
版次印次 2020 年 11 月第 1 版 2020 年 11 月第 1 次印刷

开　　本 710×1000 1/16
印　　张 11
字　　数 155 千字
书　　号 ISBN 978-7-5013-7051-1
定　　价 80.00 元

目　　录

图表目录

前　　言

数字出版的大数据时代已经到来,数字出版“信息过载”与用户个性化知识需求矛盾日益凸显,研究大数据环境下的数字出版知识服务很有必要。

本书是国家社会科学基金青年项目“大数据环境下数字出版知识服务研究”(项目编号:14CTQ028)的研究成果,立足于大数据环境,构建以用户知识需求挖掘为导向、以海量和多结构数字出版资源深层开发为基础、以大数据技术为依托的数字出版知识服务模式,以大数据为纽带对数字出版的知识服务流程进行再造,打造从用户知识需求挖掘到数字资源重组再到个性化知识服务的全流程数字出版知识服务解决方案。

本书内容如下:

“绪论”提出本书研究的主要问题:数字出版“信息过载”与用户个性化知识需求矛盾日益凸显,需要建立基于大数据的数字出版知识服务模式。阐述此问题的研究背景和研究意义,介绍本书的主要研究内容、研究思路和研究方法。

第 1 章为“文献综述与理论基础”。总结国内外相关研究成果,界定大数据、数字出版、知识服务等概念,并介绍相关理论,为全书的研究奠定基础。

第 2 章是“大数据对数字出版知识服务的影响”。从传播主体、媒介、内容、效果等四个维度分析大数据环境下知识传播的新趋势,并总结大数据为数字出版知识服务带来的重大变革。

第 3 章是“数字出版用户知识服务需求分析”。通过对 621 份有效问卷的统计分析，获得了一份较全面反映数字出版用户知识服务需求的调查报告，包括用户对数字出版资源的使用现状、用户对数字出版资源的需求、用户对数字出版知识服务的需求等。

第 4 章是“现有数字出版知识服务模式”。通过对 20 多个有代表性的国内外数字出版知识服务机构的典型案例分析，比较它们在知识资源的主要类型、主要来源、组织形式、展示平台、获取方式以及主要用户类型、主要营利方式等方面的差异，总结出现有数字出版知识服务的 5 种主要模式：知识资源数据库模式、知识获取终端设备模式、社交媒体知识分享模式、开放式知识众编模式、知识付费订阅模式。

第 5 章是“基于大数据的数字出版知识服务模式”。立足于大数据环境，构建以用户知识需求挖掘为导向，以海量和多结构数字出版资源深层开发为基础，以大数据技术为依托的数字出版知识服务模式。基于大数据的数字出版知识服务模式主要包括三个方面：基于大数据预测的用户知识需求挖掘、基于大数据治理的数字出版资源重组、基于大数据分析的个性化知识服务。

第 6 章是“基于大数据的数字出版知识服务平台”。在基于大数据的数字出版知识服务模式研究的基础上，设计数字出版知识服务平台的主要功能，包括数字发布与知识检索功能、知识导航与知识发现功能、研究支持与协同创新功能、知识咨询与知识交易功能等，构建平台的体系架构，包括数据资源层、技术支持层、知识加工层、知识服务层、用户层，分析平台要用到的关键技术，如知识抽取技术、语义网技术、多源异构大数据治理技术、数据挖掘与知识发现技术、可视化技术等。

第 7 章为“结论与展望”。根据前面的研究成果，对于项目研究得出的主要结论进行提炼，提出本书的主要创新之处，分析研究成果尚存在的不足，并对需要继续深入研究的问题进行展望。

本书的出版需要感谢项目组的全体成员，他们是郑州航空工业管理学院的廖建军、郭锐、齐云飞、陈建辉、杨威、杨紫楠、杨志顺，以及知识产权出版社的谢虹霞、中国科学技术信息研究所的车尧、辽宁师范大学的胡雅悦、华北水利水电大学的陈奕良，感谢他们对本书的参与和贡献。我的恩师、中国人民大学卢小宾教授对本书从选题之初就给予了指导和关心，感激之情难以言表。国家图书馆出版社编辑高爽、唐澈及其他编审老师为本书的修改完善及最终出版付出了辛勤的劳动，在此一并致谢！

最后要说明的是，大数据环境下的数字出版知识服务相关理论与实践都在不断发展中，本书的出版不是研究的终点站，而是开展进一步研究的加油站，笔者还将在此基础上继续探索，不断前行。

郭亚军

2020 年 10 月 13 日

绪　论

当前，大数据已经出现在现代社会的各个领域，影响甚至改变我们的生活。大数据与数字出版天然联系在一起，大数据对数字出版知识服务也产生了根本性的影响。

一、数字出版进入大数据时代

纵观人类的信息传播和利用过程，截至目前共发生了五次媒介革命①，每一次媒介革命都带来全球数据量的大爆发，尤其是以数字媒介为代表的第五次媒介革命所产生的数据增长幅度和速度，远远超过前四次媒介革命，也推动数字出版进入大数据时代。

第一次媒介革命即语言媒介革命，发生在大约 10 万年前。借助语言，人类可以更清晰地交流信息、积累知识。

第二次媒介革命是文字媒介革命，出现在公元前 3500 年。借助文字，人类可以突破时间、空间限制进行信息传播，信息也得以长期保存和广泛流传。

第三次媒介革命为印刷媒介革命，出现在 6 世纪。中国隋朝时期开始有雕版印刷，15 世纪，印刷术臻于完善。借助书籍和报刊，人类可以打破知识的垄断，促进信息的共享和文化的普及。

---

① 邵培仁. 论人类传播史上的五次革命[J]. 中国广播电视学刊，1996(7)：5－8.

第四次媒介革命指电子媒介革命，发生在19世纪中期。借助电话、广播、电视，人类可以利用电磁波传播信息，使声音、画面的传播速度更快，传播范围更广，传播内容更丰富。

第五次媒介革命是数字媒介革命，从20世纪中期开始，一直延续至今。借助计算机、互联网、移动互联网等信息技术，人类可以将以往各自独立的单一传播转变为综合传播。

媒介革命带来的数据量增长的速度越来越快。美国历史学家Eisenstein发现，古登堡发明印刷机后的50年之间，欧洲大约印刷了800万本书籍，超过了1200年之前整个欧洲的所有手抄书的数量①。而根据国际数据公司（IDC）的《数字时代2025》，全球数据量将从2019年的45ZB增长到2025年的175ZB②。数字媒介革命带来数据量的变化速度越来越快。由此可见，数字出版已经进入"大数据时代"。

"出版"的内涵与外延随着社会、技术等的发展而变化③。网络文学、问答网站、视频网站、听书、维基百科、微信、微博、推特、开放获取等各种新的内容创作方式和传播形态，让出版领域得到延伸。各种类型的"出版物"已遍布网络，不属于任何出版机构的"出版人"也活跃在网络上。在大数据时代，数字出版知识资源的介质可以是图片、视频、音频、数据、软件等，而不局限于文字。数字出版知识资源的提供者可以是任何人，甚至是机器，而不局限于专业的作者④。

---

① EISENSTEIN E. The printing revolution in early modern Europe[M]. Cambridge: Cambridge University Press, 1993.

② IDC. Data age 2025: the digitization of the world[EB/OL][2020-06-19] http://www.seagate.com/files/www-content/our-storytrends/files/dataage-idc-report-final.pdf.

③ 杨晓鸣. 出版是什么[J]. 出版科学，2001(3):42,71.

④ 郭亚军，刚榕陧，黄圣洁. 大数据环境下数字出版知识服务主要模式研究[J]. 现代情报，2018,38(11):3-8.

大数据时代，很多知识资源都可以被数字化，这给予了出版机构重新整合知识资源的机遇。出版机构运用信息技术，将通过各种渠道收集的海量知识资源进行数字化处理，再将这些数字知识资源进行自动关联整合，丰富优化数字知识资源结构体系，把各个领域的知识根据用户的需要进行深加工，把普通的资源优化成对用户价值巨大的优质资源，实现了知识资源的高效利用。

大数据时代的数字出版用户不再只是数字知识资源的被动接收者，而转变成了积极的参与者，比如有的用户在进行数字阅读时会留下自己的笔记，有的用户会对网友的问题进行解答，有的用户会主动将自己掌握的技能和知识通过抖音、博客、微信等平台发布出去。

二、数字出版“信息过载”与用户个性化知识需求矛盾凸显

数字出版进入“大数据时代”，一方面为用户提供了数量巨大、形式多样的知识资源，另一方面数字出版“信息过载”与用户个性化知识需求的矛盾也日益凸显。

当前，人们的信息行为已经发生改变，人们越来越多地借助数字出版来进行知识的获取。中国新闻出版研究院的全国国民阅读调查数据显示（见图 0－1）：最近 10 年，我国国民图书阅读率增长缓慢，从 2009 年的 50.1% 增长到 2018 年的 59.0%，增长幅度不到 10 个百分点；与之对应的是，网络阅读、手机阅读等数字化阅读方式的接触率持续大幅攀升，从 2009 年的 24.6% 上升到 2018 年的 76.2%，10 年间增长了 51.6 个百分点。从 2014 年开始，数字化阅读接触率超越了图书阅读率，且差距不断拉大。由此可见，数字化阅读已经超越传统纸质阅读，成为用户获取知识的最主要的途径。

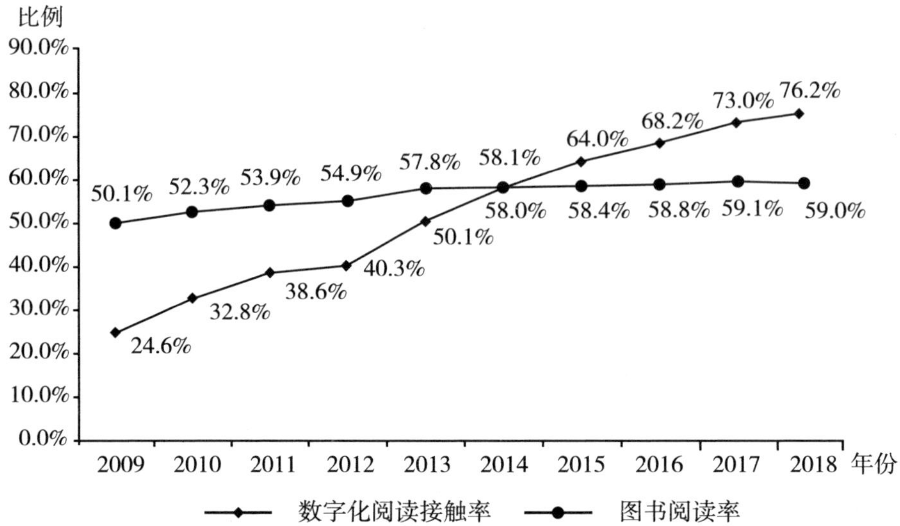

图 0-1　2009—2018 年数字化阅读接触率与图书阅读率的变化

资料来源:根据中国新闻出版研究院历年公开发布的全国国民阅读调查数据整理而成。

用户以数字化方式获取知识时,往往会面临"信息过载"和"知识迷航"的问题。随着大数据时代来临,数字出版资源从"信息匮乏"转变为"信息过载",海量、分散、异构的信息资源与用户有限的信息认知和处理能力形成鲜明对比①,信息过多导致用户接受的信息量超出了其所需要以及所能消费、承受的信息量,用户高效选择或有效利用信息和知识的难度大大增加②。如同未来学家 Naisbitt 在《大趋势》(*Megatrends*)一书中所说:"人类正被信息淹没,却饥渴于知识。"③面对浩如烟海的数字出版资源,如何从中获取用户所需要的个性化的知识是一个关键问题。

在数字化环境下,用户的知识需求个性化特征更加突出。网络的自

① 孙雨生,常凯月,朱礼军.大规模知识图谱及其应用研究[J].情报理论与实践,2018,41(11):138-143.

② 蔡骐,李玲.信息过载时代的新媒介素养[J].现代传播(中国传媒大学学报),2013,35(9):120-124.

③ NAISBITT J. Megatrends: ten new directions transforming our lives[M]. New York: Warner Books,1982:268.

由、开放以及数字资源的丰富、多样为用户知识需求的个性化表达和实现提供了更大的机会，借助信息技术和网络技术，用户直接获取信息的能力显著提高，可以按照自己的意愿自由选择数字资源。

大数据为解决数字出版“信息过载”与用户个性化知识需求的矛盾提供了机会。数字出版的实质是出版机构通过数字化技术手段为用户提供信息产品以满足用户的个性化需求①。对用户个性化需求的高度重视，是数字出版区别于传统出版的重要特质②。大数据时代的数字出版正在由“大规模复制”向“个性化定制”转变，在大数据环境下，并非只有将作品大规模复制并公开发行才是经济可行的，个性化定制数字内容一样可以低成本地生产和提供③。与此同时，数字出版机构借助大数据技术掌握每个用户的个性化需求成为可能，与每个用户沟通的成本也显著降低。这为数字出版机构解决“信息过载”问题，满足用户的个性化需求提供了重要的支撑。

面向数字出版“信息过载”与用户个性化知识需求的矛盾，本书立足于大数据环境，研究大数据对数字出版知识服务的影响，调查数字出版用户的知识服务需求以及现有数字出版知识服务模式，构建以用户知识需求挖掘为导向、以海量和多结构数字资源深层开发为基础、以大数据技术为依托的数字出版知识服务模式，以大数据为纽带对数字出版的服务流程进行再造，打造从基于大数据预测的用户知识需求挖掘到基于大数据治理的数字出版资源重组，再到基于大数据分析的个性化知识服务的全流程数字出版知识服务解决方案，设计数字出版知识服务平台的主要功能、体系架构、关键技术，为大数据环境下数字出版机构开展知识服务提供参考。

---

① 郭亚军. 基于用户信息需求的数字出版模式[D]. 北京：中国人民大学，2009：71.

② 刘果，王铁军. 论数字出版的个性化表达[J]. 编辑之友，2014(3)：81－84.

③ 韦英平. 个性化出版：未来的主流出版形态[J]. 出版发行研究，2014(1)：5－8.

三、大数据环境下的数字出版知识服务研究具有重要意义

本书研究主要有以下理论意义：

(1)为数字出版知识服务构建新的理论体系。本书构建比较完善的“基于大数据的数字出版知识服务模式”理论体系，这是在新的信息环境下对现有数字出版理论和知识服务理论的创新发展。

(2)促进情报学科与出版学科的融合发展。本书以大数据环境下的数字出版知识服务为研究对象，属于出版领域的情报学研究，研究成果对于促进情报学科与出版学科融合发展具有积极的意义。

本书研究对于政府主管部门和数字出版机构具有以下实践意义：

(1)为政府主管部门制定和完善数字出版政策提供参考依据。大数据的发展对数字出版行业产生了深远的影响，我国新闻出版领域的政府主管部门需要相应调整和完善数字出版政策，更好地指导行业的发展。

(2)为我国数字出版机构利用大数据开展知识服务提供参考模式。我国数字出版机构应充分利用大数据，改造传统出版服务流程，积极开展基于大数据的数字出版知识服务。

四、本书研究内容、思路与方法

1.研究内容

本书研究内容主要包括以下几个方面：

(1)背景分析——大数据对数字出版知识服务的影响研究。本书深入研究大数据的理论、方法与技术对数字出版知识服务产生的影响。从传播主体、媒介、内容、效果等四个维度分析大数据时代知识传播的新趋势，总结大数据为数字出版知识服务带来的重大变革，包括对数字出版知识服务机构、流程、内容、形式等方面的影响。

(2)现状调研——当前数字出版知识服务的需求和供给状况研究。通过对600多位数字出版用户开展问卷调查,了解他们的知识服务需求,包括对数字出版资源的使用现状、对数字出版资源的需求、对数字出版知识服务的需求等。通过对20多个有代表性的国内外数字出版知识服务机构的典型案例分析,比较它们在知识资源的主要类型、主要来源、组织形式等方面的差异,总结现有数字出版知识服务的主要模式。

(3)模式构建——基于大数据的数字出版知识服务模式研究。立足于大数据环境,构建以用户知识需求挖掘为导向、以海量和多结构数字出版资源深层开发为基础、以大数据技术为依托的数字出版知识服务模式。基于大数据的数字出版知识服务模式主要包括三个方面:基于大数据预测的用户知识需求挖掘、基于大数据治理的数字出版资源重组、基于大数据分析的个性化知识服务。

(4)平台设计——基于大数据的数字出版知识服务平台研究。在基于大数据的数字出版知识服务模式研究的基础上,设计数字出版知识服务平台的主要功能,包括数字发布与知识检索功能、知识导航与知识发现功能、研究支持与协同创新功能、知识咨询与知识交易功能等,构建平台的体系架构,包括数据资源层、技术支持层、知识加工层、知识服务层、用户层,分析平台要用到的关键技术,如知识抽取技术、语义网技术、多源异构大数据治理技术、数据挖掘与知识发现技术、可视化技术等。

2. 研究思路

本书研究思路如图0-2所示。

(1)问题提出。本书要研究的问题集聚在:如何利用大数据解决数字出版“信息过载”与用户个性化知识需求的矛盾?

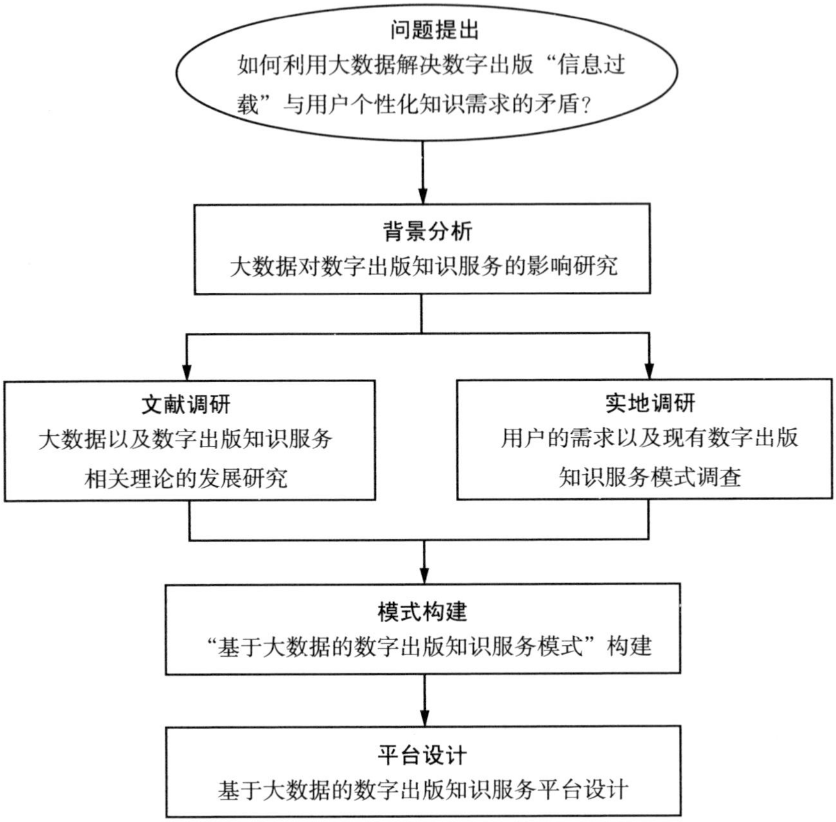

图0－2　本书研究思路

(2)背景分析。通过文献调研和专家访谈,深入研究大数据对数字出版知识服务产生的影响,分析大数据时代知识传播的新趋势,总结大数据为数字出版知识服务带来的重大变革。

(3)文献调研与实地调研。通过文献调研掌握大数据以及数字出版知识服务相关理论的发展现状,通过实地调研了解用户对数字出版知识服务的需求以及现有数字出版知识服务主要模式。

(4)模式构建与平台设计。在已有调研基础上,运用分析与综合法,构建“基于大数据的数字出版知识服务模式”,并设计基于大数据的数字出版知识服务平台。

3.研究方法

本书主要用到以下研究方法:

(1)文献调查法。本书广泛收集和分析国内外相关参考文献,文献来源主要包括 Web of Science、ScienceDirect、SpringerLink、中国知网、万方等数据库资源,以及纸质图书、论文和网络资料等,了解本研究领域的国内外相关研究成果及研究进展,本书的"文献综述与理论基础"部分集中体现了文献调查和分析的成果。此外,国内外已有研究成果为本书研究提供了重要的支撑和参考,在本书各部分的参考文献中均有标注。

(2)问卷调查法。本书开展对数字出版用户的问卷调查,了解他们的数字出版知识服务需求。调查内容主要包括调查对象的个人信息、数字出版资源的使用情况、对数字出版资源的需求、对数字出版知识服务的需求等,共获得 621 份有效问卷,形成数字出版用户知识服务需求调查报告,具体参见"3 数字出版用户知识服务需求分析"部分。

(3)典型案例法。本书对国外的爱思唯尔(Elsevier)、施普林格(Springer)、EBSCO、亚马逊 kindle、苹果 iPad、Facebook、Twitter、Quora、Skillshare 等以及国内的中国知网、万方数据、重庆维普、汉王电纸书、盛大 Bambook 电子书、微信、微博、知乎、得到 APP、喜马拉雅 FM 等数字出版知识服务平台开展典型案例研究,对它们的知识资源的类型、来源、组织形式等进行多方面的对比研究,总结出现有数字出版知识服务的 5 种主要模式。具体参见"4 现有数字出版知识服务模式"部分。

(4)分析与综合法。本书采用分析与综合的方法,构建"基于大数据的数字出版知识服务模式"的框架模型,设计数字出版知识服务平台的主要功能、体系架构、关键技术等,为数字出版机构开展知识服务提供参考。具体参见"5 基于大数据的数字出版知识服务模式"和"6 基于大数据的数字出版知识服务平台"等部分。

1 文献综述与理论基础

1.1 文献综述

1.1.1 国外研究现状

国外相关研究主要体现在以下方面：

1.1.1.1 关于大数据的研究

(1)大数据概念的提出

“数据仓库之父”Inmon 在 20 世纪 90 年代已经在关注“海量数据”的研究问题①。1997 年的电气和电子工程师协会(IEEE)会议上，美国 NASA 研究员 Cox 等首次提及“Big data”这一术语将对大数据问题聚焦在设备存储能力的局限上②。2008 年 9 月，《自然》(*Nature*)杂志发表的 Goldston 等人的系列专题文章将“怎样处理现代科学面临的数据洪流挑战”作为主题③，此后，大数据席卷全球，掀起了一场空前的研究热潮。当

---

① 刘泽照，张谦，黄杰. 基于 SNA 的国际大数据研究结构态势[J]. 科学学与科学技术管理，2014，35(11)：40－47.

② COX M，ELLSWORTH D. Application-controlled demand paging for out-of-core visualization[C]//Proceedings of the 8th conference on visualization' 97. IEEE Computer Society Press，1997：235－244.

③ GOLSTON D，DOCTOROW C，LYNCH C，et al. Big data：science in the petabyte era [J]. Nature，2008，455(9)：1－136.

下大数据研究受到前所未有的重视，在全球各个行业领域应用，也成为工业界、学术界甚至世界各国政府关注的热点。

（2）各国大数据国家战略制定

大数据作为新的生产要素被评论为“新的石油”“类似货币或黄金的新型经济资产”，它蕴含着巨大价值。目前大数据已经成为一个国家重要的发展能源和战略资源，许多国家为抢占先发优势纷纷制定大数据战略，例如美国、日本以及英国。

2012 年美国颁布《大数据研究和发展计划》，率先把大数据上升为国家战略。2016 年发布的《联邦大数据研发战略计划》指出数据价值将通过促进数据共享和完善管理政策来提高①。2017 年《美国国家安全战略》明确提及要提升数据保护能力②。2018 年美国颁布的《国家网络战略》中明确强调要促进数据的跨境自由流通③。

2013 年日本发布《世界最先进的 IT 国家宣言》，该宣言提出以大数据为核心和发展开放政府数据构建“世界最高水平的广泛运用信息技术的社会”的目标④。2016 年日本发布的《促进政府数据开放》指出政府要开放数据和数据经济⑤。

2013 年英国政府发布《英国数据能力发展战略规划》，旨在利用数据产生商业价值促进经济增长。2014 年英国开放数据研究所发布《英国开

---

① The White House. U. S. open data action plan[EB/OL].[2019-10-04]. https://obamawhitehouse.archives.gov/sites/default/files/microsites/ostp/us_open_data_action_plan.pdf.

② The White House. National security strategy[EB/OL].[2019-11-29]. http://nssarchive.us/wp-content/uploads/2017/12/2017.pdf.

③ The White House. National cyber strategy of the United States of America[EB/OL].[2019-11-29]. https://www.whitehouse.gov/wp-content/uploads/2018/09/National-Cyber-Strategy.pdf.

④ Declaration to be the world's most advanced IT nation[EB/OL].[2019-10-04]. http://japan.kantei.go.jp/policy/it/2016/20160520_full.pdf.

⑤ 政府におけるオープンデータの推進について[EB/OL].[2019-10-04]. http://www.tronshow.org/2016-tron-symposium/session-pdf/ja/pdf/20161215-5-2.pdf.

放数据路线图2015》,制订2015年的英国政府行动计划,其中包括继续制定开放数据战略以及开展更多关于社会、环境和经济利益的数据培训和技能拓展等。

总体来看,国外大数据战略具体有以下措施:一是抢占大数据先机,颁布战略规划进行整体布局,提高国家在大数据领域的领先地位;二是着重建设配套政策,包括产业扶持、人才培养、数据开放共享等,为国家大数据的发展营造良好的环境。

(3)各领域数据应用研究

作为大规模数据的有效处理手段,大数据技术自问世以来就受到广泛关注并已在多个行业领域获得迅猛的发展。比如大数据在公共管理、交通、医疗健康等各领域开展应用,并产生一系列研究成果。

大数据在公共管理领域的应用研究。大数据给公共管理部门的管理理念和方式带来了重大影响①。例如 Clarke 等认为大数据可以增进政府与民众的相互了解,发现公共政策和公共服务的优缺点②。Mergel 等提出公共部门在大数据应用方面需要应对如道德、隐私、安全等诸多挑战③。Gamage 认为公共部门应从大数据应用投资、分析技术与管理等方面来提升大数据应用能力④。

大数据在交通领域的应用研究。大数据在检测人口移动、解决交通拥堵问题等方面发挥重要作用。例如 Lathia 等根据地铁信息系统提供刷

---

① 冉连. 基于 WOS 的国外公共部门大数据应用研究可视化分析[J]. 电子政务,2018(7):90-99.

② CLARKE A, MARGETTS H. Governments and citizens getting to know each other? Open, closed, and big data in public management reform[J]. Policy & Internet, 2014, 6(4): 393-417.

③ MERGEL I, RETHEMEYER K, ISETT K. Big data in public affairs[J]. Public administration review, 2016(6): 928-937.

④ GAMAGE P. New development: leveraging "big data" analytics in the public sector[J]. Public money & management, 2016(5): 385-390.

卡数据，引导人们进行错峰出行①。Castro 等则根据出租车的 GPS 轨迹数据，对城市交通的拥堵状况进行预测②。

大数据在生物医学领域的应用研究。2012 年，美国国立卫生研究院成立了大数据转化知识联盟（Big Data to Knowledge，BD2K）③，关注生物医学研究领域的大数据及其科学整合。澳大利亚研究基金会（Australian Research Council，ARC）资助生物信息学卓越研究中心，研究生物大数据及其应用，以及包括健康在内的社会问题新数据模型。

总体来说，各行业大数据的应用研究表明大数据对人类生活、社会发展产生了巨大影响。大数据已进入行业管理和应用层面，社会各行业都可以通过大数据来研究和分析大数据在各个领域的运营和应用，辅助战略运作策略的制定。

（4）大数据未来发展方向

大数据未来有技术、应用、科学三个主要的发展方向。

“大数据技术”是大数据实践应用的技术和工具，它涵盖数据采集、存储、传输、清洗、检索、处理和展示等多个方面。例如 Dey 等证明了利用几种基于云的分布式数据存储和基准测试工具的可用性，可以使用基于混合云的数据存储和选择来满足应用程序的数据管理需求④。Takeda 等创建了一个称为不规则趋势查找器（ITF）的可视化工具，ITF 是一种交互式工具，旨在分析带有时间戳和层次结构的大量数据，以便用户看到概述然

① LATHIA N，CAPRA L. Mining mobility data to minimise travellers' spending on public transport[C]//Acm Sigkdd international conference on knowledge discovery & data mining，2011：1－9.

② CASTRO S，ZHANG D，LI S. Urban traffic modelling and prediction using large scale taxi GPS traces[C]//International conference on pervasive computing. Springer-Verlag，2012.

③ NIH. About BD2K[EB/OL].[2019－10－04]. http://datascience. nih. gov/bd2k.

④ DEY S，CHAKRABORTY A，NASKAR S，et al. Smart city surveillance：leveraging benefits of cloud data stores[C]//Local computer networks workshops（LCN Workshops），IEEE 37th conference，2012：868－876.

后获取更多详细信息①。虽然大数据技术取得了一定的研究成果，但在算法优化、知识可视化等这些问题上仍然需要着重关注。

“大数据应用”指大数据在各个行业领域的应用，目前在政治、经济、医疗、教育、公共管理等领域进行相关应用。例如 Clarke 等认为在政府和民众的相互了解交流中大数据起到了促进作用②。Singh 等提出政府可以利用大数据为个人和组织机构提供个性化服务，节约时间和成本促使政府提升效率③。但是目前数据质量、数据公正、版权问题和个人隐私等方面让人堪忧，Boyd 倡议要客观理性地看待大数据，并提出对大数据“冷思考”④。相信未来大数据应用的涉及面将会越来越广泛。

“大数据科学”研究大数据网络的发展和运行，发现和验证大数据的规律，主要从理论层面探索规律、指导实践。例如 Kanter 等设计了 Data Science Machine 利用深度特征合成算法实现从原始数据自动导出预测模型⑤。Fernandez 等研究出大数据系统 Data Civilizer，该系统的优点是为数据科学家提供便利，简化了数据预处理过程，让其将更多精力放在数据分析上。现如今大数据科学发展的重点和难点在于如何科学系统地构建完善大数据科学相关理论、模型、方法等，并将其运用于实践中。

---

① TAKEDA S, KOBAYASHI A, KOBAYASHI H, et al. Irregular trend finder: visualization tool for analyzing time-series big data [C]//Visual analytics science and technology (VAST), IEEE, 2012: 305 - 306.

② CLARKE A, MARGETTS H. Governments and citizens getting to know each other? Open, closed, and big data in public management reform [J]. Policy & Internet, 2014, 6(4): 393 - 417.

③ SINGH V, SRIVASTAVA I, JOHRI V. Big data and the opportunities and challenges for government agencies [J]. International journal of computer science & information technologies, 2014(4): 5821 - 5824.

④ BOYD D, CRAWFORD K. Critical questions for big data: provocations for a cultural, technological, and scholarly phenomenon [J]. Information, communication & society, 2012, 15(5): 662 - 679.

⑤ KANTER M, VEERAMACHANENI K. Deep feature synthesis: towards automating data science endeavors [C]//Paris: Proceedings of the 2015 IEEE international conference on data science and advanced analytics, 2015: 717 - 726.

综上对大数据未来发展方向进行了分析评述，大数据未来发展应朝着技术、应用和科学等主要方向进行深入探索。大力推动大数据的发展和应用研究，目的是为改善现有的生产方式和经济运行机制，完善社会治理等各个方面，使各个国家更好地制定、实施大数据发展战略，提高各国的经济运行水平和效率。

1.1.1.2 大数据对数字出版的影响研究

出版业的数字化转型将成为一种必然趋势并将迅速推进。下面将通过大数据对数字出版技术、营销、服务三个方面的影响来进行评述分析。

(1)大数据对数字出版技术的影响研究

大数据环境下数字出版技术与应用相互促进，大数据对数字出版技术的发展具有重要的推动作用。例如 Zhang 等提出了基于并行大规模粗糙集的大数据有效知识挖掘的方法①。Henrique 分析了关联数据技术应用于档案、图书馆和博物馆的数字馆藏集成方面的适用性和面临的问题②。Collingridge 认为大数据技术为数字出版提供了很多方法，而且还开发了一个基于实时更新数据的图书行情分析系统——Bookseer③。

综上所述，数字出版是从传统出版业中衍生出来的新业态，大数据技术的运用会改变传统出版社的机构设置和出版流程，其在数字出版领域扮演的角色也将越来越重要。

(2)大数据对数字出版营销的影响研究

营销是数字内容和知识从数字出版机构到达用户的重要环节。在

---

① ZHANG J, WONG S, LI T, et al. A comparison of parallel large-scale knowledge acquisition using rough set theory on different MapReduce runtime systems[J]. International journal of approximate reasoning, 2014, 55(3): 896 - 907.

② HENRIQUE M. Interoperability between digital collections in archives, libraries and museums: potentialities of linked open data technologies[J]. Perspectivasem ciencia da informacao, 2016, 21(2): 61 - 83.

③ COLLINGRIDGE P. Book marketing is broken. Big data can fix it[C]//Tools of change for publishing conference, 2012: 213 - 216.

数字出版以用户为中心的营销模式中，国外研究者们研究利用大数据构建不同角度的用户画像。用户画像可以界定为“从海量数据中获取不同用户信息的形象集合”，该集合可以凸显出每个用户的信息、偏好、和习惯等。例如 Quintana 等研究一个名为 MOOC 用户画像模型，该模型是根据用户的个人信息、兴趣偏好以及搜索行为构建①。除此之外，用户画像精准营销也是国外研究者讨论的热点，Zoratti 等针对精准营销过程中如何利用数据挖掘找到事物之间的联系提出自己的看法②。Kennedy 从互联网角度提出精准营销的具体实施方法③。

综上所述，在大数据的影响下，数字出版营销模式发生了重大改变，尤其是借助大数据进行用户画像，再进行精准营销的模式，与传统营销模式有很大的差异。数字出版营销模式并非简单的销售技巧，以用户为中心的营销逻辑是数字出版知识服务不断提升的有效路径。

（3）大数据对数字出版服务的影响研究

大数据时代的到来为数字出版服务创造了优越的条件。例如 Hunter 研究了数字出版对高校图书馆技术服务的影响④。Perakakis 等结合数字出版技术的发展提出作者导向的公众审稿与同行评审结合的审稿流程⑤。Bulock 研究了开放获取出版服务形式，将学术期刊订阅付款转换为开放获取付款⑥。

---

① QUINTANA M, HALEY R. The persona party: using personas to design for learning at Scal[C]//New York: Chi conference extended, 2017: 933 - 941.

② ZORATTI S, GALLAGHER L. Precision marketing: maximizing revenue through relevance [M]. London: Kogan Page, 2012.

③ KENNEDY D . The ultimate marketing plan: target your audience! Get out your message! Build your brand! [M]. Avon: Adams Media, 2014.

④ HUNTER B. The effect of digital publishing on technical services in universiy libraries[J]. Journal of academic librarianship, 2013, 39(1): 84 - 93.

⑤ PERAKAKIS P, TAYLOR M, MAZZA M, et al. Natural selection of academic papers [J]. Scientometrics, 2010, 85(2): 553 - 559.

⑥ BULOCK C. Open access and the big deal sharing space in the Netherlands[J]. Serials review, 2015, 41(4): 266 - 268.

总而言之，在科学技术持续发展的今天，大数据显现出巨大的作用与广阔的发展前景，为出版行业注入了新的活力。我们可以清晰地看到国外出版业在应对策略、技术积累以及营销效果等方面的做法都值得我国出版业同行借鉴与思考。

1.1.1.3 大数据知识服务研究

数字出版一直在扮演着为用户提供知识资源的重要角色，大数据更是为知识服务的开展创造了有利的条件。下面从内涵和技术两个方面对国外数字出版知识服务做出具体研究分析。

(1)大数据知识服务内涵研究

国内外关于知识服务的内涵尚没有明晰的定义且研究视角不同。例如，Clair 等认为知识服务也是一种管理模式①，Kawtrakul 等认为知识服务是为以知识密集型服务为主要业务的机构提供的服务②。

综上，国外将知识服务看作知识管理发展和延伸的概念，强调由知识服务机构将不同领域的知识集成后向用户提供。

(2)大数据知识服务技术研究

知识服务技术的研究一直被学者们所关注。例如 Shang 等提出了 Web2.0 技术环境下的交换模型、聚合模型、协作模型和开放模型等四种知识服务模型③。Rao 和 Lu 基于云计算技术，提出了具有知识服务需求、知识服务过程和知识服务质量三个特征的知识服务特征模型，构建了面向服务的知识云平台。④。Hinze 等创建了一个“以人为本的工作场所”系

---

① CLAIR G, REICH M J. Knowledge services: financial strategies and budgeting[J]. Immunochemistry, 2002, 14(2). 85 - 90.

② KAWTRAKUL A. Ontology engineering and knowledge services for agriculture domain[J]. Journal of integrative agriculture, 2012, 11(5): 741 - 751.

③ SHANG S, LI Y, WU L, et al. Understanding Web 2.0 service models: a knowledge-creating perspective[J]. Inormation & management, 2011, 48(4/5): 178 - 184.

④ RAO Y, LU S. Service-oriented knowledge acquisition paradigm and knowledge cloud platform[M]//Knowledge engineering and management. New York: Springer, 2014.

统,该系统将 RFID(无线射频识别)标签嵌入文件中并在办公室使用摄像头跟踪文件位置的变化,解决了人们在工作场所中难以跟踪或查找文件的问题①。Lin 和 Ishida 基于现场的多语言通信服务设计的实际情况提出了一种基于用户中心的 QOS 的参与式服务设计方法,解决了服务质量难以评估和预测的问题②。

综上所述,国外学者对知识密集型服务业模式的研究较为关注,也更强调以用户为中心的知识服务模式概念,研究成果具有更强的应用性和更大的实用价值。

1.1.2 国内研究现状

1.1.2.1 图书情报领域的大数据研究

本书通过对 CNKI 数据库中有关图书情报领域大数据研究相关文献的阅读、整理、分析,发现国内研究现状主要包括以下几个方面:大数据与数字图书馆研究、大数据与竞争情报研究以及大数据与信息服务研究。

(1)大数据与数字图书馆研究

大数据时代的到来,意味着数据将成为图书馆最重要的资产,图书馆将不仅仅满足于提供简单的图书、期刊、报纸借阅服务,而应该充分利用大数据挖掘技术,将图书馆数据库中的内容进行组合构建信息化资源库,着眼于数据处理和分析的相关业务,开拓个性化信息服务和知识服务的新领域,这将会促使数字图书馆在服务理念和方式上做出改善。国内研究者对大数据与数字图书馆进行研究分析,例如:韩翠峰提出图书馆需要

---

① HINZE A,DIGHE A. Re-finding physical documents: extending a digital library into a human-centred workplace[C]//Proceedings of the international conference on theory and practice of digital libraries. Heidelberg:Springer,2012:57 -63.

② LIN D,ISHIDA T. Participatory service design based on user-centered QOS[C]//Proceedings of the international joint conferences on Web intelligence. New York: IEEE computer society,2013:465 -472.

解决数据的存储、挖掘、分析等问题①;苏新宁强调图书馆要有大数据思维,运用大数据技术拓展服务方式②。学者们还研究了大数据环境下数字图书馆用户的需求挖掘问题,如梁荣贤提出了基于用户画像的图书馆精准信息服务的模式③。

综上,大数据对于数字图书馆的未来发展具有重要意义。将大数据技术应用于数字图书馆的建设与服务之中,在海量复杂的基础数据中快速、高效、准确地提取到有效的信息资源,并将读者用户所需的信息以直观且丰富的表现形式智慧化地传递给读者用户,这将是数字图书馆的发展方向。

(2)大数据与竞争情报研究

大数据环境下,传统的竞争情报已经不能满足日渐激烈的市场竞争需求,大数据对竞争情报的研究发展起到了关键作用。为更好地实现战略决策,国内研究者们针对竞争情报的不同角度做出了研究分析。例如章小童等从关键词共词网络分析的角度提出高校图书馆在竞争情报领域的理论与实践研究十分欠缺④。姜鑫等从关键词词频变化的角度识别出科学数据领域的演化趋势⑤。杨洋等构建竞争情报相关理论框架模型,提出将云计算技术和大数据技术应用到竞争情报相关系统中⑥。

竞争情报面临着更大的机遇和挑战,在未来有必要树立一个全面的情报观,以综合的角度和系统的思维看待、研究各类情报信息,比如产业

---

① 韩翠峰. 大数据带给图书馆的影响与挑战[J]. 图书与情报,2012(5):37-40.

② 苏新宁. 大数据时代数字图书馆面临的机遇和挑战[J]. 中国图书馆学报,2015(6):4-12.

③ 梁荣贤. 基于用户画像的图书馆精准信息服务研究[J]. 图书馆工作与研究,2019(4):65-69.

④ 章小童,阮建海. 2006—2015 年高校图书馆竞争情报服务研究领域主题演化分析[J]. 情报科学,2016,34(11):86-90.

⑤ 姜鑫,王德庄,马海群. 关键词词频变化视角下我国“科学数据”领域研究主题演化分析[J]. 现代情报,2018,38(1):141-146,161.

⑥ 杨洋,陈立军,张莹. 我国竞争情报系统模型构建研究综述[J]. 情报科学,2016,3(6):98-102.

竞争情报、专利竞争情报、技术竞争情报等，尤其是关注竞争情报对国家战略的支撑。

(3)大数据与信息服务研究

信息服务是处理和收集信息以满足信息需求的活动，其目的是使主体明确其信息需求获取具体信息。大数据时代为信息服务提供了新的资源和技术手段。国内研究者根据大数据与信息服务做出相关研究，例如和婷通过运用大数据思维来评估图书馆的经济价值，强调利用用户信息行为数据来指导信息服务的整合①。刁羽建议在大数据环境下高校图书馆应嵌入创客群体服务来提供精准化信息服务②。李祎基于目前数字图书馆系统平台的不足问题提出了图书情报机构智库知识发现系统③。

综上所述，大数据开放共享为信息服务提供了更多的数据源，大数据融合使信息服务更加全面，大数据挖掘使信息服务更加细化。同时信息服务也是科技智库服务的重要组成部分，大数据技术的快速发展对科技智库的信息服务产生了影响，这将推动科技智库信息服务模式的转变。

1.1.2.2 大数据知识服务研究

大数据生态系统中最关键的服务体系之一就是知识服务。通过阅读知识服务相关期刊论文，系统地归纳分析国内大数据知识服务的研究现状，这对大数据知识服务的进一步研究与实践具有重要的意义。下面将着重从大数据知识服务内涵、平台、模型和策略四个方面进行分析评述。

(1)大数据知识服务内涵研究

国内外对大数据知识服务没有一致的定义，学者们均从不同角度对其内涵进行研究。例如张晓林指出知识服务是基于信息的知识搜索、组

---

① 和婷. 大数据思维对图书馆信息服务工作的启示[J]. 图书馆建设，2014(1)：64－68.

② 刁羽. 大数据环境下高校图书馆嵌入创客群体信息服务的策略探索[J]. 图书馆学研究，2016(16)：70－75.

③ 李祎. 基于图书情报机构智库建设的知识发现系统构建研究[J]. 图书馆工作与研究，2017(2)：61－65.

织和分析为用户解决问题的过程①。张璐等认为知识服务是面向问题和增值向社会提供以知识为基础的产品或服务②。国内学者们较多的从知识服务的过程对知识服务进行界定,强调用户需求的满足③。

对于知识服务内涵的研究应打破图书情报的研究范畴将研究领域扩展到其他行业和学科。此外,应借鉴国外研究,采用先进的信息技术实现从理论研究到应用研究的转变。

(2)大数据知识服务平台研究

大数据使数字出版平台的数量和形式越来越丰富,很多研究者对数字出版机构的应用服务和平台进行了研究分析。首先从数据库角度展开研究分析:鲁玉玲以 Springer Link 数据库平台为例进行研究,认为打造专业的知识服务平台,首要任务是构建优质内容资源基础,充分利用 XML 结构化内容单元、领域本体、主题词表来实现内容资源的知识组织,以满足知识服务平台的功能需求④。涂佳琪等回顾总结了 CNKI 的自主研发技术发展史与主要成就,以及在数字出版产业改革中所起到的作用⑤。孙婧等从科技期刊媒体融合出版现状出发,提出要加强数字版权保护、打造具有期刊特色的网络平台等建设思考⑥。吴赟等基于爱思唯尔 ClinicalKey 超级医学平台研究指出中国出版业知识服务的发展路径⑦。其次是数字

① 张晓林.走向知识服务:寻找新世纪图书情报工作的生长点[J].中国图书馆学报,2000(5):30-35.

② 张璐,申静.知识服务模式研究的现状、热点与前沿[J].图书情报工作,2018(10):116-125.

③ 王曰芬,张柏瑞,周玢宇.知识服务研究状况及在大数据环境下的研究趋向[J].数字图书馆论坛,2018(3):12-19.

④ 鲁玉玲.专业出版领域知识服务平台内容资源基础的构建[J].编辑之友,2018(5):33-37.

⑤ 涂佳琪,杨新涯,王彦力.中国知网 CNKI 历史与发展研究[J].图书馆论坛,2019,39(9):1-11.

⑥ 孙婧,管青山,段立晖,等.科技期刊媒体融合出版现状与数字版权保护及建设思考[J].中国科技期刊研究,2018,29(8):813-821.

⑦ 吴赟,孙梦如.中国出版业发展知识服务的路径思考——从爱思唯尔 ClinicalKey 超级医学平台谈起[J].出版广角,2017(13):13-16.

出版机构角度:赵合等从亚马逊数字出版业发展趋势出发,提出了亚马逊数字出版的全球化战略以及对我国数字出版业的发展启示①。

总而言之,面对全新的数字化时代,我国数字出版行业要及时转变思维,积极借鉴和采取国外相关经验推动数字出版发展进程。在结合自身优势的基础上充分利用现有的大数据技术,加强创新实践,提升服务平台的效用,这是我国数字出版业发展的必然趋势和关键所在。

(3)大数据知识服务模型研究

大数据环境下数字出版知识服务出现了一些新特点和新模式,值得进一步研究。例如郭亚军等总结大数据环境下数字出版知识服务有5种主要模式:知识资源数据库模式、知识获取终端设备模式、社交媒体知识分享模式、开放式知识众编模式、知识付费订阅模式②。方军也指出数字出版知识服务应以用户需求为中心,实现作者、内容和读者之间的关联③。此外,国内许多学者从知识服务的背景需求出发构建图书馆领域的知识服务模式。例如闫闵等人基于读者的行为偏好,研究了高校数字图书馆知识服务模式的创新④。肖花提出了智慧图书馆的知识服务融合模式,基于知识融合的智慧图书馆知识服务更加注重为用户提供解决问题的知识服务,支持用户进行科学研究或提供相关专业领域的前沿热点⑤。

从相关研究中可以看出有关知识服务模式的研究正在兴起,随着大数据技术的发展和社会的进步,图书馆领域的知识服务模式也成为研究热点,深入研究知识服务的需求和特征,这对系统研究知识创新服务模式

---

① 赵合,薛蓉娜.亚马逊数字出版全球化策略及启示[J].出版发行研究,2017(11):23-26.

② 郭亚军,刚榕隈,黄圣洁.大数据环境下数字出版知识服务主要模式研究[J].现代情报,2018,38(11):3-8.

③ 方军.知识付费:带动出版业向知识服务转型[J].出版广角,2018(7):9-11.

④ 闫闵,过仕明.高校数字图书馆知识服务模式创新研究——基于读者行为偏好[J].情报科学,2018,36(5):35-40.

⑤ 肖花.新时代智慧图书馆知识服务融合模式研究[J].新世纪图书馆,2019(3):48-51.

的构建具有重要的意义。

(4)大数据知识服务发展策略研究

随着大数据时代与知识服务时代的来临，海量的信息资源已完成原始积累，各行各业资料的大数据时代来临，需要更多的知识服务发展对策来改变现状。国内很多学者也针对大数据知识服务提出相关的发展对策。例如郭亚军等针对大数据环境下数字出版机构发展知识服务提出四条对策：一是重视大数据数字知识资源积累，二是推动大数据知识服务价值开发，三是实施大数据人才培养工程，四是加强与大数据知识服务产业链的合作①。刘海鸥等介绍了更符合实际的推荐方法，重塑大数据知识在图书馆的个性化服务模式，以便为读者提供准确的个性化知识推荐服务，并为提高大数据在中国图书馆知识服务的水平提供一个新的研究角度②。

综上所述，随着大数据在知识服务各方面应用的广泛和深入，更多新的知识服务研究策略将会出现。因此，为更好地满足用户的需求，我们要利用大数据加快知识服务的发展，提高知识服务的价值和水平，向着这个方向不断努力。

1.1.2.3 大数据时代数字出版发展趋势研究

我国数字出版产业发展迅速，越来越多的学者和产业界人士关注数字出版的发展趋势。技术的创新以及商业模式和工作流程的改变等形成的综合力驱动了我国数字出版的发展。

(1)数字出版技术发展趋势研究

数字出版作为文化产业中的重要角色，正释放出前所未有的活力。随着大数据时代的发展，区块链、人工智能、虚拟现实等主要技术也开始高速发展和普及，对国内数字出版技术的发展既有挑战也有机遇。姚瑞

---

① 郭亚军，刚榕限，黄圣洁. 大数据环境下数字出版知识服务主要模式研究[J]. 现代情报，2018，38(11)：3－8.

② 刘海鸥，姚苏梅，黄文娜，等. 基于用户画像的图书馆大数据知识服务情境化推荐[J]. 图书馆学研究，2018(24)：57－63，32.

卿等设计了基于区块链技术的数字出版平台知识产权管理模型①。王卉等研究认为可以综合运用人工智能技术，以用户需求为驱动、以数据为纽带，提供"数字资源—人—机"多元信息互动的数字出版智能服务平台②。王睿等提出当前 VR 出版要从虚拟现实技术的本质特性入手从而走向行为式平台的独立发展模式③。

总而言之，大数据环境下数字出版机构应利用技术发展带来的机遇，引领数字出版业持续快速发展，这需要业界共同努力去思考、研究与探索。

(2)数字出版商业模式发展趋势研究

当前数字出版面临的关键问题是业务运营模式的创新。数字出版服务平台是一个开放化的平台，不仅为出版业提供了许多新的商业契机，也提供了不少提升服务价值的条件。国内研究者对此进行了研究分析，例如吴申伦等认为融合发展是数字出版商业模式的基础，商业模式是数字出版发展的关键，只有在融合发展的基础上才能以新的思路、新的方法和新的视角，不断实现结构调整和观念创新，确保我国数字出版事业长期稳定发展④。刘展提出，数字出版服务平台模型应该建立在开放数据的环境下，深化数字出版的社会互动功能，发挥其商业和公共价值相结合的平台效益，促进知识的创新生产⑤。

综上所述，数字出版服务平台的新型业务运营模式需要进一步的实

---

① 姚瑞卿，袁小群. 基于区块链技术的数字出版知识产权管理——以知识服务应用为例[J]. 出版广角，2019(17)：25 – 30.

② 王卉，张瑞静. 人工智能技术在数字出版中的应用现状与发展趋势[J]. 出版发行研究，2018(2)：45 – 49.

③ 王睿，姜进章. 从嫁接到独立：行为理念下 VR 出版未来发展的核心与样态[J]. 出版发行研究，2019(7)：39 – 43.

④ 吴申伦，蒋三军. 融合发展下数字出版商业模式创新与整体管理[J]. 科技与出版，2018(3)：134 – 136.

⑤ 刘展. 从开放存取到数据开放背景下的数字出版业运行模式探析[J]. 中国出版，2018(8)：55 – 57.

践和探索。在数字出版行业,无论是内容产品提供商、平台运营商还是技术服务提供商,都需要准确的市场定位和正确的商业模式。只有坚持信息技术、数字技术、大数据技术在出版行业全过程的应用,才能实现出版行业的可持续发展,实现出版行业营利模式的多元化。

(3)数字出版工作流程发展趋势研究

在新技术不断创新的时代,用户对科技期刊的信息质量、传播及时性和渠道多样性提出了更加严格的要求。现有的数字出版流程已经不能满足迫切的再整合或再创造的需要。例如蔡丽娇等认为数字出版要重视读者和工作流程,对编辑工作流程进行优化①。张兰萍认为数字出版应构建弥漫的云状出版结构②。陈呈超等利用互联网思维优化数字流程,增加编辑出版流程两端的业务内容,探索多模式集中出版兼顾传统出版与新出版的业务流程③④。

综上所述,这些研究为优化期刊出版流程提供了理论指导,具有一定的可行性和指导性。它不但可以推动传统期刊出版单位加大对传统技术改造的力度以提升出版刊物的层次,还可以促进期刊出版模式的改革与创新以适应信息化、数字化的出版环境。

1.1.3 国内外研究现状分析

总体而言,国内外研究者们对于大数据的研究持续深入且取得了比较丰富的理论和研究成果,这为本书的研究提供了参考价值。但笔者通过目前已有研究发现仍然存在一些值得深入研究的重点问题:

---

① 蔡丽娇,董本清,万莉立. 数字出版视域下编辑工作流程的优化探讨[J]. 新闻研究导刊,2018,9(21):19-20.

② 张兰萍. 传统出版社开展数字出版业务的策略探讨[J]. 编辑之友,2015(5):39-42.

③ 陈呈超,朱宝象,谢骏,等. 运用互联网思维推进科技期刊数字化进程[J]. 中国科技期刊研究,2015,26(10):1090-1095.

④ 陈呈超,于鑫,李佳楣,等. 多模式集中办刊出版平台流程的重构与设计[J]. 中国科技期刊研究,2019,30(6):629-634.

1.1.3.1 大数据环境下数字出版知识服务新模式、新特点需要总结

互联网与移动通信的发展已经大大改变了人们的阅读习惯和知识获取方式,因此需要构建适应大数据处理需求的新型数字出版知识服务模式。国内外部分学者对知识服务模式进行了研究分析,如:Hinze 等创建了一个“以人为本的工作场所”系统①;Lin 和 Ishida 提出了一种基于用户中心的 QOS 的参与式服务设计方法②;郭亚军等总结数字出版知识服务有 5 种主要模式③;方军也指出从传统出版到数字出版再到知识服务,重点在于“内容 + 服务”模式④。

本书通过梳理国内外数字出版知识服务研究现状发现,很多研究是集中在数字出版的技术、营销、工作流程、商业模式等方面,对大数据环境下的数字出版如何开展知识服务有待深入研究,尤其是对大数据环境下数字出版知识服务的新模式、新特点需要进行总结。目前知识服务模式研究特点更多的是以用户的需求为出发点和落脚点,但其实并未带来用户使用黏性的提升。如何精确地为用户提供知识服务,增强用户的参与感,才是真正发挥数字出版知识服务模式效用的关键之处。

1.1.3.2 数字出版知识服务领域的大数据应用实践需要理论提升

SpringerLink、Elsevier、CNKI 等数据库以及不少数字出版机构在应用大数据开展知识服务方面已经进行了有益的探索。很多研究者对数字出版机构的应用服务和平台进行了研究分析,如:鲁玉玲借鉴 SpringerLink

---

① HINZE A, DIGHE A. Re-finding physical documents: extending a digital library into a human-centred workplace[C]// Proceedings of the international conference on theory and practice of digital libraries. Heidelberg: Springer, 2012: 57 – 63.

② LIN D, ISHIDA T. Participatory service design based on user-centered QOS[C]// Proceedings of the international joint conferences on Web intelligence. New York: IEEE computer society, 2013: 465 – 472.

③ 郭亚军,刚榕限,黄圣洁. 大数据环境下数字出版知识服务主要模式研究[J]. 现代情报, 2018, 38(11): 3 – 8.

④ 方军. 知识付费:带动出版业向知识服务转型[J]. 出版广角, 2018(7): 9 – 11.

数据库平台的经验,对我国出版领域知识服务平台提出展望①;涂佳琪等总结了 CNKI 在数字出版产业改革中所起到的作用②;吴赟等基于 Elsevier ClinicalKey 超级医学平台研究指出中国出版业知识服务的发展路径;电子工业出版社带头构建了科技出版与知识服务应用联盟,旨在促进出版社和图书馆一同创建知识服务平台③。

相较于国内来说,国外数字出版领域的大数据应用研究成果具有更强的应用性和更高的实用价值,而国内对数字出版领域的大数据应用实践关注较少。结合上述实践案例可以发现,对数字出版知识服务领域的大数据应用有待深入系统的理论总结和提升,产业实践与理论研究有待更密切的结合。

1.1.3.3 大数据环境下数字出版机构开展知识服务需要有效指导

当前数字出版机构存在着将传统出版资源简单数字化、复制传统出版信息传播功能和以出版机构为中心等局限,国内外研究者针对大数据知识服务的局限性提出对策,如:郭亚军等针对大数据环境下数字出版机构发展知识服务提出相关对策④;王卉等提出以人工智能技术来构建数字出版智能服务平台⑤。

目前,现有研究还未能将数字出版的知识服务功能充分发挥出来,迫切需要相关理论和实践研究成果为数字出版机构在大数据环境下构建知识服务平台和开展知识服务提供有效指导。这需要业界共同努力去思考、研究与探索。

---

① 鲁玉玲. 专业出版领域知识服务平台内容资源基础的构建[J]. 编辑之友,2018(5):33 - 37.

② 涂佳琪,杨新涯,王彦力. 中国知网 CNKI 历史与发展研究[J]. 图书馆论坛,2019,39(9):1 - 11.

③ 冯宏声. 加快推进馆社合作,共建知识服务新生态[J]. 出版科学,2018,26(4):5 - 7.

④ 郭亚军,刚榕限,黄圣洁. 大数据环境下数字出版知识服务主要模式研究[J]. 现代情报,2018,38(11):3 - 8.

⑤ 王卉,张瑞静. 人工智能技术在数字出版中的应用现状与发展趋势[J]. 出版发行研究,2018(2):45 - 49.

1.2 理论基础

1.2.1 大数据理论

1.2.1.1 大数据的概念

当前,尚无统一的对大数据的定义,许多研究机构和学者都有不同的表述方式,但它们的内涵已基本一致。以下分别从大数据的数据量、应用价值、发展3个角度来定义大数据的概念。

(1)从数据量角度

维基百科将大数据定义为:涉及的数据量太大,以至于当前的主流软件工具无法在合理的时间内捕获、管理、处理和组织数据来帮助公司做出业务决策①。徐宗本认为,大数据是无法集中存储,难以在可接受的时间内进行分析和处理,个体价值低,整体价值高的海量、复杂数据集②。麦肯锡公司(McKinsey)发布的研究报告认为,大数据是指其大小超出了典型数据库软件的采集、储存、管理和分析等能力的数据集③。

(2)从应用价值角度

维克托·迈尔-舍恩伯格在《大数据:一场将改变我们生活、工作和思考方式的革命》一书中指出,大数据是人们可以基于大量数据执行的操作,但是这些操作不能基于少量数据完成,大数据是新见解和新价值创造的源泉。大数据也是改变市场、组织以及政府与公民之间关系的一种方

---

① Wikipedia. Big data[EB/OL]. [2019-11-28]. https://en. wikipedia. org/wiki/Big_data.

② 徐宗本,张维,刘雷,等."数据科学与大数据的科学原理及发展前景"——香山科学会议第462次学术讨论会专家发言摘登[J]. 科技促进发展,2014(1):66-75.

③ MANYIKA J, CHUI M, BROWN B, et al. Big data: the next frontier for innovation, competition, and productivity[R]. McKinsey global institute, 2011:1.

式①。大数据是一种新的自然资源,李国杰院士认为:“属于一个国家的数据量及其使用数据的能力将成为综合国力的重要组成部分,也是公司之间竞争的新焦点。”②

(3)从业态角度

研究机构 Gartner 认为,大数据是一种庞大的、高增长率的、多样化的信息资产③。我国国务院于 2015 年 9 月发布的《促进大数据发展行动纲要》提出,大数据正快速发展为“新一代信息技术和服务业态”④。

因此,可以认为大数据是规模超出了典型数据的收集、存储、分析和管理的范围的数据集,以及处理数据的技术。大数据是一种信息资产,是新一代信息技术和服务业态。

1.2.1.2 大数据的主要特点

2011 年 7 月的大数据世界论坛上,Benjamin 提出了著名的大数据 4V 理论:容量大(volume)、类型多(variety)、速度快(velocity)和价值密度低(value)⑤。虽然有不少学者提出了大数据的其他特征,但只有 4V 理论得到了广泛的认同。

(1)容量大

大数据的数据容量巨大。在大数据时代,随着网络技术的飞速发展以及网络工具(如携带数据的计算机和手机)的普及,数据源的范围不断扩大,我们获得的数据也在不断改变测量单位⑥。到 2020 年,全球数据量将达

---

① 舍恩伯格,库克耶. 大数据时代[M]. 杭州:浙江人民出版社,2013:28 – 94.

② 李国杰. 大数据研究的科学价值[J]. 中国计算机学会通讯,2012,(9):8 – 15.

③ Gartner. Big data [EB/OL]. [2019 – 11 – 01]. http://www.gartner.com/it-glossary/big-data.

④ 中国政府网. 国务院关于印发促进大数据发展行动纲要的通知[EB/OL]. [2019 – 10 – 18]. http://www.gov.cn/zhengce/content/2015-09/05/content_1013709.htm.

⑤ BENJAMIN W. Big data: finding answers where there are yet to be questions? [C]. BIG DATA world forum, 2011:1 – 8.

⑥ 董克,邱均平. 论大数据环境对情报学发展的影响[J]. 情报学报,2017,36(9):886 – 893.

44ZB,数据的容量增长取得质的飞跃①。

(2)类型多

大数据的类型很多。广泛的数据来源决定了大数据的类型多样,如结构化明显的网络日志数据,数据结构不明显的音频、视频、图片等。

(3)速度快

大数据的速度快是指数据的快速增长,这包括数据流、结构化记录创建以及访问和交付的可用性。速度快意味着数据产生的速度快和数据处理的速度快,以满足用户对数据的需求②。

(4)价值密度低

大数据是丰富的矿藏。大数据是通过对海量数据的处理、集成和分析,发现新知识来创造更大的使用价值,为许多行业带来了新的发展机会,为企业提高了竞争力。大数据分析可以从海量数据中找到稀疏而有价值的知识和规律,并为预测和决策提供相关支持。如视频监控中的数据量非常大,尽管它们中的大多数可能没有实用价值,但如果几秒钟的镜头就能捕捉到犯罪分子的外表特征,那对公安部门来说是非常宝贵的。大数据分析是寻找有价值和有用的信息③。

1.2.1.3 大数据的主要理论

(1)数据科学理论

"数据科学"一词最早在20世纪60年代出现。1966年,Naur创造了一个新词:datalogy,这个词用来强调探索计算机科学的根本理念和原则,

---

① IT之家.英特尔预测2020年全球数据量达44ZB:中国占据五分之一[EB/OL].[2019-11-28].https://www.ithome.com/html/it/326387.htm.

② Gartner. Gartner says solving "Big data" challenge involves more than just managing volumes of data[EB/OL].[2019-11-28]. http://www.pressebox.com/pressrelease/gartner-deutschland-gmbh/Gartner-Says-Solving-Big-Data-Challenge-Involves-More-ThanJust-Managing-Volumes-of-Data/boxid/432132.

③ 黄晓斌,钟辉新.大数据时代企业竞争情报研究的创新与发展[J].图书与情报,2012(6):9-14.

被称为“数据处理的科学”①。

数据科学(data science)的含义第一次正式出现于国际会议的题目中是在1996年日本召开的国际分类学会联合会(IFCS)大会上,大会提出数据科学要达到的终极目标是利用海量数据揭示自然现象和社会本质②。

目前,数据科学是一门以“大数据”为主要研究对象,以数据统计、机器学习、数据可视化为理论基础的交叉学科,主要研究数据处理、数据管理、数据计算、数据产品开发和其他活动③。目前,数据科学的主要研究方向是:大数据及其运动规律的解释、从数据到智能的转换、数据洞察力、数据专业化、数据驱动的决策支持、数据产品的研发和数据生态系统结构的构建④。

(2)第四范式理论

“第四范式”是2007年Grey在美国国家研究理事会计算机科学和远程通信委员会(NRC-CSTB)的演讲报告《e-Science:科学方法的一次革命》中首次提出的,他在演讲中宣称:“毫无疑问,科学世界已经发生了变化。”⑤

Grey虽提出“第四范式”的概念,但并未对“第四范式”的内涵和意义等方面进行详细论述。直到2009年,微软研究院出版了由Hey等撰写的《第四范式:数据密集型的科学发现》一书,深入论述了第四范式的研究现

---

① NAUR P. Concise survey of computer methods[M]. Lund: Student Litteratur Publishing,1974:125-126.

② 聂淑媛. 数据科学的发展与人才培养研究[J]. 统计与信息论坛,2019,34(1):117-122.

③ 朝乐门. 信息资源管理理论的继承与创新:大数据与数据科学视角[J]. 中国图书馆学报,2019(2):26-42.

④ 朝乐门. 数据科学理论与实践[M]. 北京:清华大学出版社,2017:15.

⑤ GRAY J, SZALAY A. E-Science—a transformed scientific method, presentation to the computer science and technology board of the national research council, Mountain View, CA,11 January 2007[EB/OL]. [2019-10-20]. http://research. microsoft. com/en-us/um/people/gray/talks/NRC-CSTB_eScience. ppt.

状和发展前景①。Hey 等总结了人类科学研究经历的四种范式：第一范式是实验科学范式，第二范式是理论科学范式，第三范式为计算科学范式，第四范式为数据密集型科学范式（如图 1－1 所示）。

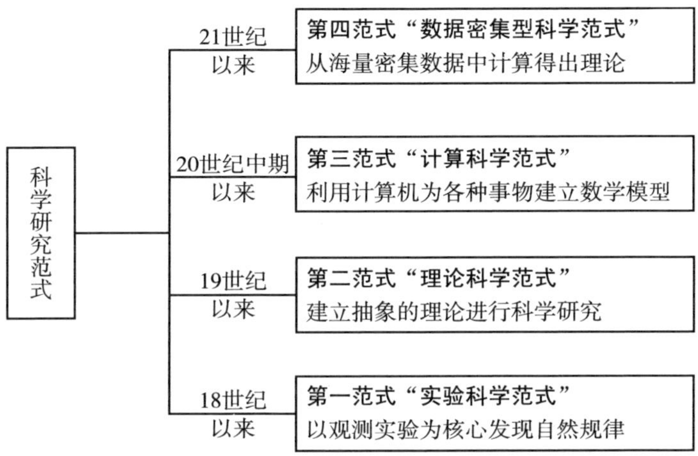

图 1－1　科学研究四个范式的演化

“第四范式”的提出意味着科学方法论的发展以及相应新科学的“规范性”，其本质是大数据技术广泛参与科学研究的各个领域的结果。过去，对复杂社会现象的解释基于社会科学的一般理论和简单的定量关系，复杂社会因果关系的推断是使用小数据、小样本和有限的数据来模拟复杂信息条件下的宏观出现。“第四范式”的研究突破了传统社会科学研究目标薄弱，学科流派的对立，数据质量有限和统计错误的局限性②。

（3）大数据思维理论

舍恩伯格等在《大数据时代》一书中认为大数据思维是开启大数据时代的重要前提。正如书中提到的那样，大数据将带来深刻的社会变革，其

① HEY T，TANSLEY S，TOLLE K. The fourth paradigm：data-intensive scientific discovery[M]. Washington，Redmond：Microsoft Research，2009.

② 米加宁，章昌平，李大宇，等. 第四研究范式：大数据驱动的社会科学研究转型[J]. 学海，2018(2)：11－27.

中一个重要的变革就是思维的变革:“一旦思维转变过来,数据就能被巧妙地用来激发新产品和新型服务。”①书中提到大数据技术的革命将带来思维方式的三大变化,可以概括为:全数据思维、混杂性思维和相关性思维②。

全数据思维是大数据带来的思维方式的第一个变革,全数据思维不再仅仅依靠一小部分数据,而是将与某个事物相关的数据收集齐全,以便对事物进行全面的分析,在大数据时代,可以利用数据的全部信息带来更高的精确性;混杂性思维是大数据带来的思维方式的第二个变革,混杂性思维允许数据的多样性和不精确性,不再需要单个精准的数据,执迷于精确性是信息缺乏时代和模拟时代的产物,大数据时代的数据的内涵得到了极大的拓展,混杂性思维让人们更加接近事实的真相;相关性思维是大数据带来的思维方式的第三个变革,相关性思维就是不再被事物的因果关系所约束,而从寻找数据的相互关系,以发现此前没有注意到的联系,并开展预测。

1.2.2 数字出版理论

1.2.2.1 数字出版的概念

1951 年,美国麻省理工学院的 Bagley 在研究和尝试使用计算机搜索代码制作摘要的过程中诞生了“电子出版物雏形”,这被认为是数字出版的最早形式③。

2005 年,首届中国数字出版博览会正式采用了“数字出版”的概念。但关于数字出版的概念有多种界说,下文将从技术手段、传播形态、传播渠道、版权合法性四个角度来定义数字出版。

---

① 舍恩伯格,库克耶. 大数据时代[M]. 杭州:浙江人民出版社,2013:8.

② 黄欣荣,李世宇. 舍恩伯格大数据哲学思想研究[J]. 长沙理工大学学报(社会科学版),2017,32(3):5-11.

③ 徐丽芳. 数字出版:概念与形态[J]. 出版发行研究,2005(7):5-12.

(1)从技术手段角度

张立认为,数字出版是用数字化技术实现的一种全新的出版方式和手段①。谢新洲将数字出版定义为将信息以二进制代码的数字形式存储,信息的处理和传输是通过计算机等设备进行的出版形式②。方卿则将数字出版定义为"基于数字技术的内容选择、编辑加工与传播活动"③。

(2)从传播形态角度

当电子书和文献数据库出现时,数字出版已发展为使用数字技术进行内容编辑、生产交流和消费阅读的数字化形式,以及以二进制代码形式的知识服务新形式④。徐丽芳认为,数字出版是编辑、复制和传播的所有内容始终以二进制代码的数字化形式存在于光、磁、电等介质之上,并借助计算机等高新技术来使用和传递的一种出版方式,强调的是传播内容、载体的数字化,生产模式和运作流程的数字化⑤。

(3)从传播渠道角度

数字出版是一种基于互联网的出版发行方式⑥。澳大利亚学者提出数字出版是依靠互联网,并以之为传播渠道的出版形式⑦。Mangani 等认为,"数字出版"指通过互联网发布电子信息和娱乐内容⑧。

---

① 张立.数字出版的若干问题讨论[J].出版发行研究,2005(7):13-18.

② 谢新洲.电子出版技术[M].北京:北京大学出版社,2006:12.

③ 方卿.论数字出版产业发展中的五大关系[J].编辑学刊,2013(1):14-18.

④ 张琛.数字出版的本土概念与实践:一种基于产业关联的实证研究视角[J].出版发行研究,2018(3):24-28.

⑤ 徐丽芳.数字出版:概念与形态[J].出版发行研究,2005(7):5-12.

⑥ 书生之家.数字出版,引发书业革命[J].中国电子与网络出版,2003(4):36.

⑦ 阎晓宏.关于出版、数字出版和版权的几个问题[J].现代出版,2013(3):5-9.

⑧ MANGANI A, ARRINI E. Who survives a recession? Specialization against diversification in the digital publishing industry[J]. Online information review,2017,41(1):19-34.

(4)从版权合法性角度

数字出版是以版权为核心①,具有合法出版资格的出版机构。数字出版虽然在形式上与传统出版存在差别,但在本质上与传统出版一样,是传播具有版权的内容,是传统出版在互联网上的延伸②。

综合分析以上对数字出版概念的定义,本书对数字出版做出以下定义:数字出版是基于数字技术的内容活动,利用互联网技术进行传播的具有合法版权的数字化形态内容的新型出版方式。

1.2.2.2 数字出版的主要特点

基于本书对于数字出版的定义,总结其主要特点包括:生产主体多样化、产品形态数字化、传播过程简易化、沟通方式个性化。

(1)生产主体多样化

在传统的知识出版模式下,知识的生产主要依靠少数机构完成,生成的内容以特定领域的专业知识为主。然而,在大数据环境下各行各业的从业者都可以参与到知识的生产和加工中来,知识生产的类型也变得更加丰富和多样③。

(2)产品形态数字化

产品形态数字化是数字出版与传统纸质出版的本质区别之一④。产品形态数字化具有许多优势:就编辑和出版而言,数字产品出版的所有方面,从征集文稿、提交文稿、选择文稿、审查文稿、编辑和处理文稿、修改文稿到发行出版都可以也只能在电脑上完成;在存储方面,一块15G硬盘可以记录75亿个汉字;在传输方面,数字化之后的产品传输速度会大大加快。

---

① 于正凯. 再论数字出版的概念及融合发展的关键[J]. 传媒,2017(23):70-72.

② 邓香莲. 数字出版:传统出版产业链的价值延伸[J]. 科技与出版,2007(12):17-19.

③ 鲍雪莹,赵宇翔,朱庆华. 社会化媒体环境下信息生命周期的解构及信息素养刍议[J]. 情报资料工作,2016(3):95-99.

④ 陈昕. 美国数字出版考察报告[M]. 上海:上海人民出版社,2008:22.

(3)传播过程简易化

数字出版的过程比传统产品更简单。读者可以通过智能手机、计算机、阅读终端等各种终端设备访问数字出版平台,并使用各种检索工具、阅读应用终端软件、内容自动集成系统等来满足视听需求、信息使用需求和个性化定制需求①。

(4)沟通方式个性化

随着 Web2.0 时代的到来,以微信、微博等为代表的社会化媒体开始成为知识传播的主要渠道。这些平台允许用户基于兴趣、爱好和社会关系构建复杂的社交关系网络,并通过广播的方式进行裂变式的信息传播。与传统知识传播平台不同,微信、微博充分利用了现有的互联网技术,构建了聊天、朋友圈、空间等众多知识分享服务模块,能够提供高质量的文字、图片、语音和视频资源交互服务,使知识的交互与传播摆脱了时间和地域的桎梏,是基于用户需求精心打造的综合性知识服务平台②。

1.2.2.3 数字出版的主要理论

(1)媒介融合理论

Pool 是"媒介融合"(media convergence)概念最早的提出者,其本意是指各种媒介呈现出多功能一体化的趋势③。

最初,关于"媒介融合"的概念更多的是集中在电视、报刊等传统媒介融合上。随着计算机网络技术的快速发展,数字技术将各种形式的信息(例如文本、图像、音频、视频等)转换为通用的数字产品,因此,所有类型的媒体都存在强烈的共享需求,从而导致媒体之间边界的逐渐削弱和模糊,最终边界消失,各种媒体走向融合。媒介融合包括技术融合、产品融

---

① 王军.数字出版平台:概念、本质及其基本功能[J].出版发行研究,2017(3):11-15,10.

② 赖青,李海涛.大数据时代知识服务数字生态的构建[J].中国编辑,2018(9):31-35.

③ 孟建,赵元珂.媒介融合:粘聚并造就新型的媒介化社会[J].国际新闻界,2006(7):24-27,54.

合、渠道融合、终端融合等，媒介融合不仅是将各种媒体整合到信息生产中，而且还将带来信息传输方式、用户体验和媒体环境的重大变化，从根本上改变信息生态、出版和媒体产业的走向，并为“大传媒业”的发展带来新的动力①。

在媒介融合的大环境下，数字出版依靠专业的编辑体系和多年积累形成的强大的内容资源得到了新的发展思路和契机：数字技术的进步促使数字出版呈现出媒体拓展与出版产业外溢的发展趋势；在制度与资本的驱动下，数字出版实现多行业技术、市场、资金等方面的融合；与媒介融合的进程同步，实现多种出版形态共存②。媒介融合环境下的数字出版应积极探索、整合创新，使内容增值，调整做法，建立复合开放的编辑系统和媒介融合平台，弥补优质内容的缺失。

(2)长尾理论

“长尾”(the Long Tail)，或译作“长尾效应”“长尾理论”，由 Chris 于 2004 年在其博客中提出，用于描述 Amazon、Rhapsody、Netflix 和其他商业网站上的商业和经济模型：需求或销量低的大多数产品可以与这些热门产品共享市场份额，甚至比那些热门产品的市场份额更多③。

Chris 提出的长尾理论可以归纳为三个基本原理：一是长尾巴必须足够长，让使用者需要的所有资源都能获得，有足够数量的供应聚集和大量的积累，才能形成规模经济，长尾活动才可以存在；二是相关推荐，形成长尾经济体，关键是要在尾部(即非热销产品)中的产品与那些头部(即热销产品)建立产品之间的联系，通过技术手段实现关联，让头部产品和尾部产品链接在一起，促使尾巴产品能被更多的潜在客户发现和购买；三是减少长尾产品之间的摩擦，一般的经济规则是“稀有物品更有价值”，尽管长尾产品很少见，但其供应价格不高，这是因为长尾产品在流通过程中“摩

---

① 白林. 媒介融合理论对图书出版的启示[J]. 编辑之友，2015(1)：34－37.

② 张耀元. 基于媒介融合视角的数字出版分析[J]. 出版广角，2014(Z1)：36－38.

③ CHRIS A. The long tail[EB/OL]. [2019－11－01]. http://www.wired.com/wired/archive/12.10/tail.html.

擦”成本比较低①。

大数据技术给数字出版带来的“长尾效应”恰当地描述了数字时代图书出版的特点：一方面，大多数书籍的目标读者非常有限，这使得读者的“小型化”趋势越来越明显，而读者的“长尾巴”越来越长；另一方面，数字技术改变了图书的出版条件，出版商即使在小规模的生产和销售中，也可以实现可观的利润，这使得需求出版市场空间变大，需求多样化，“长尾巴”变长，实现了“长尾销售”的模式。可以看出，数字出版的本质是长尾产业②。

（3）熵减理论

“熵”的概念由 Clausius 在 1854 年提出，它被用来阐明热力学的第二定律。经过数百年的研究，“熵”理论已逐渐扩展到其他科学领域，Shannon 首先将“熵”的概念引入信息理论，并提出了“信息熵”的概念③，即信息中不包括信息的冗余的平均信息。在信息论中，“信息熵”可以用作系统混乱程度的度量：系统越混乱，熵值就越大；相反，系统越稳定，熵值就越小④。“熵减”是指信息混乱程度的减少、有序程度的增加。

在大数据时代，具有跟踪和定位功能的出版业为读者所提供的信息对于读者来说是有价值的，推送的信息会大大降低和减少读者搜索所需信息的成本和时间，增强了读者购买和阅读的确定性；对出版行业而言，跟踪定位功能大大节省了推广的成本和时间，这就是一个“熵减”的过程。传统网络对读者和出版业具有很高的熵值（客户所需信息的不确定性），大量毫无价值的信息会降低消费者的搜索效率并增加搜索成本，分析和

---

① 周军兰. 长尾理论与图书馆[J]. 图书情报工作，2007(4)：30－33.

② 邓凤仪，邓海荣. 大数据时代数字出版的“长尾效应”[J]. 出版发行研究，2014(10)：27－29.

③ SHANNON C, WEAVER W. The mathematical theory of communication [M]. Urbana：The University of Illinois Press，1964：12.

④ 李晨，杨俊安，刘辉. 基于信息熵和 GA-ELM 的调制识别算法[J/OL]. 系统工程与电子技术：1－9[2019－10－23]. http：//kns. cnki. net/kcms/detail/11. 2422. TN. 20190715. 0909. 002. html.

寻找消费者的细分市场也花费企业大量时间和金钱,而在大数据时代,推送信息的价值在增加,规律性在增强,熵在降低,消费者的需求得到了极大的满足;对于企业而言,跟踪定位功能使企业的信息推送更加精确,信息的适应性更强。个性信息的推送减少了出版系统的混乱程度,提高了效率,降低了成本并减少了熵①。

1.2.3 知识服务理论

1.2.3.1 知识服务的概念

综合相关研究,下文将从知识利用、问题解决、工作方式、产业实践四个角度来分析知识服务的概念。

(1)从知识利用的角度

知识服务就是利用"知识"进行服务,而"知识"主要来自三个方面:图书情报工作人员的"知识"、其他智力资源的"知识"、信息资源中的"知识"②。

(2)从问题解决的角度

联合国开发计划署(UNPD)认为,知识服务是通过对全球的知识技术的总结,为请求者提供问题最佳解决方案的行为③。张晓林认为知识服务是贯穿用户解决问题过程的服务④。

(3)从工作方式的角度

从工作方式的角度出发,知识服务是知识型的服务,可以将知识服务

---

① 蔡立媛. TSCR:大数据时代数字出版的"利基营销"[J]. 科技与出版,2015(7):75 -78.

② 张华宝."知识服务"概念解读的两个视角比较[J]. 图书馆论坛,2011,31(2):1 -2,5.

③ UNDP. What are UNDP's "knowledge services"? [2019 -11 -22]. http://www.undp.org/execbrd/pdf/UNDP%20knowledge%20services.pdf.

④ 张晓林. 走向知识服务:寻找新世纪图书情报工作的生长点[J]. 中国图书馆学报,2000(5):30 -35.

认为是信息服务的高层次阶段,是知识含量高的服务①。

(4)从产业实践的角度

有学者认为,知识服务可以从服务人员所具备专业知识的这一点来界定,是包括研发服务、法律服务、金融服务、市场服务、工程服务、管理咨询服务以及其他高度依赖知识的服务形式的集合②。

综上所述,知识服务是以用户的需求为核心的服务,是以知识为组织对象,通过对知识的搜寻、组织、分析、重组为用户提供有效支持知识应用和知识创新的增值服务。知识服务是信息服务的高层次阶段,是知识含量高的服务。

1.2.3.2 知识服务的主要特点

知识服务的主体是知识服务的提供者,它是能够满足客户知识需求的掌握特定领域专业知识和技能的组织或个人。知识服务是专业的过程性创新型增值活动,因此知识服务具有过程性、专业性、增值性、创新性的特点。

(1)过程性

知识服务是基于知识内容并在解决用户问题的过程中以需求为导向的服务③,其根本目的是将各种显性和隐性资源与某些技术工具完全集成在一起,以便可以转换数据或信息,并提取和挖掘新知识。

(2)专业性

知识服务是专业性的服务,而不是大众化的服务。专业性的服务要求提供服务的人员根据特定学科或主题来组织和实施服务,且在这方面的服务是专业的,以确保对用户问题及其环境的理解,并提高知识服务的

---

① 柯平.新世纪图书馆需要知识管理和知识服务[J].新世纪图书馆,2005(6):13-15.

② 陈建龙,王建冬,胡磊,等.一论知识服务的概念内涵——基于产业实践视角的考察[J].图书情报知识,2010(3):11-16.

③ 王曰芬.创新驱动发展需要基于大数据的知识服务[J].数字图书馆论坛,2018(3):1.

质量。

(3)增值性

在知识服务的过程当中,服务人员的作用非常显著。服务人员根据自己掌握的知识和能力,利用一定的技术手段分析信息的价值,为用户提供知识产品或问题解决方案,提升用户对知识的应用效率,是一个增值性的服务过程①。

(4)创新性

知识服务是基于自主和创新的服务②,知识服务人员必须根据实际情况动态搜索、选择、分析和使用不同类型的知识,自主将相关的知识运用到服务的工作中,是一种具有创新性的服务。

1.2.3.3 知识服务的主要理论

(1)知识需求理论

需求是一个心理学的概念,应用到知识服务领域,可以反映知识需求者对于知识的期望状态与实际状态的差距。按照 Paulleagans 的需求定义,"需求代表一种不平衡,是目标与现状的差距"③。

知识需求是知识服务存在的依据,因为有用户对于知识的需要,才需要提供知识服务。大数据环境下,用户的知识需求各不相同,因此知识需求具有个性化、网络化、开放性和全面性等特征④。

知识服务作为信息服务的高层次阶段,是始终以用户的知识需求为目标的服务。在大数据环境下,数字出版知识服务将促进传统出版从"以自身拥有的信息资源为中心"转向"以用户为中心",用户的知识需求和问题解决将成为数字出版知识服务的逻辑起点和终极目标。对于数字出版机构而言,

---

① 张红丽,吴新年. 知识服务及其特征分析[J]. 图书情报工作,2010(3):23-27.

② 张晓林. 走向知识服务:寻找新世纪图书情报工作的生长点[J]. 中国图书馆学报,2000(5):30-35.

③ PAULLEAGANS J. A concept of needs [J]. Journal of extension,1964,2(2):89-96.

④ 杨小云,陈雅. 知识需求与提供研究[J]. 情报杂志,2004(3):89-90,93.

掌握用户的知识服务需求对明确工作方向非常重要①。

（2）服务主导逻辑理论

2004 年，Vargo 和 Lusch 首次提出“服务主导逻辑”（service-dominant logic）理论②。与商品主导逻辑（good-dominant logic）不同，服务主导逻辑在企业价值的创造机制中重新定义了服务、资源、交换和价值等重要概念，将商品主导逻辑下的商品和服务统一为服务，认为企业表面是提供产品，本质上是提供服务或解决方案，并将服务定义为主体使用专业知识和技能给自己或另一个主体带来利益的行为和表现。

随着现代服务业的飞速发展，越来越多的学者开始关注公司和客户在创造价值中的作用，并不断丰富服务主导逻辑。从客户价值创造的角度来看，成为客户价值共同创造者的公司更重要的任务是重视客户体验、影响客户的体验和感知，并间接参与客户价值的创造过程③。

随着大数据技术在数字出版领域的应用，数字出版公司的运营和管理已从传统的商品主导逻辑转变为服务主导逻辑。目前，用户的阅读需求呈现多样化、个性化和碎片化的特征，数字出版公司需要利用大数据技术对用户的身份信息进行识别，对用户的阅读内容、阅读行为和社交网络信息进行挖掘分析，找出客户内在价值需求，为客户提供个性化的数字出版产品和服务方式；数字出版公司需要整合其生态系统的资源，通过以大数据为核心资源的多元化组织形式，与客户和合作伙伴共同创造新的价值网络④。

---

① 郭亚军，郭锐. 数字出版用户知识服务需求调查与分析[J]. 图书馆学研究，2018(18)：30－39.

② VARGO S，LUSCH R. Evolving to a new dominant logic for marketing[J]. Journal of marketing，2004，68(1)：1－17.

③ 彭芬芬，席运江，廖晓，等. 从商品主导逻辑到服务主导逻辑：起源、发展及未来研究展望[J]. 改革与战略，2015，31(11)：35－39.

④ 资武成，方卿. 大数据时代数字出版企业的价值共创研究[J]. 出版科学，2016，24(4)：27－32.

(3)知识组织理论

知识组织是实现知识服务的前提①,也是知识服务的核心价值所在。知识组织的发展与图书馆学、情报学的分类系统和叙词表研究密不可分②。1929 年,Bliss 首次提出以文献分类为基础的知识组织思想③。

关于"知识组织"的概念,国内学者尚未形成统一认识,将知识组织引入国内的袁翰青指出"文献工作是组织知识的工作"④。蒋永福认为知识组织是对知识客体进行整理、加工、引导、揭示、控制等一系列组织化的过程及其方法⑤。王知津认为知识组织是提供相关文献、对文献科学分类和系统表述科学成果以便利用有序化知识的处理系统⑥。张国华等通过对知识组织模型的构建,提出知识组织是一个复杂的、系统的智力过程,旨在实现知识提供时的专指性和网罗性、查准率和查全率之间的平衡⑦。邱均平认为知识组织是为了让用户识别、理解和使用知识,通过一些方法把知识客体中的知识因子和知识的关联表示出来的行为⑧。

总之,知识组织是对知识进行有序化的过程,包括知识获取、知识表示、知识重组和知识存储,其目的都是为了更好地为用户进行知识服务。大数据时代数字出版对知识组织的运用尤为明显,数字出版是对资源进行结构化处理,形成知识单元,实现知识表示,然后建立知识关联,进而实

---

① 刘志国,陈威莉,赵莹,等. 构建图书馆知识服务理论体系的思考[J]. 现代情报,2016,36(11):27 - 31,42.

② ZHAO G. The study on knowledge organization for digital library[J]. Advanced materials research,2010(143 - 144):48 - 52.

③ 蒋永福. 论知识组织[J]. 图书情报工作,2000(6):5 - 10.

④ 吴晖,徐丹琪. 我国知识组织研究述评[J]. 情报杂志,2007(6):95 - 97.

⑤ 蒋永福. 图书馆与知识组织——从知识组织的角度理解图书馆学[J]. 中国图书馆学报,1999(5):19 - 23.

⑥ 王知津. 知识组织的目标与任务[J]. 情报理论与实践,1999,22(2):2 - 5.

⑦ 王知津,张国华. 知识组织概念模型及相关问题[J]. 中国图书馆学报,2004(4):7 - 11.

⑧ 邱均平. 专题:知识组织的热点与前沿[J]. 情报理论与实践,2015,38(1):1.

现知识重组和知识存储①。

(4)个性化知识服务理论

信息爆炸环境下的用户面临着"信息过载"和"信息迷失"问题,用户获取信息容易,但获得所需要的准确信息难,用户的个性化需求日益迫切,因此,个性化知识服务是知识经济时代信息服务发展的必然趋势。个性化知识服务是个性化服务和知识服务的结合,其根据用户的不同特点,有针对性地为用户创建个性化的信息服务②。

个性化知识服务需要化被动为主动,根据用户的需要来进行知识的提供③,用户兴趣知识的挖掘和用户兴趣模型的建立成为重要研究内容④,个性化知识服务提高了帮助用户解决问题的基本能力。

大数据技术的发展为数字出版个性化知识服务提供了强有力的支持。数字出版的知识服务有多种方式,通过收集结构化和非结构化数据(例如用户的个人信息、地理位置信息、数字阅读记录、阅读习惯、搜索关键字、浏览轨迹等),可以分析用户的阅读偏好,提供更有针对性的个性化服务,从而增加用户的黏性⑤。

---

① 李征,李亚芬,李茂.数字出版资源库中的知识组织[J].计算机工程与设计,2016,37(5):1405-1410.

② 汤江,王世伟.图书馆个性化知识服务发展报告[M].北京:科学出版社,2010:80-81.

③ 沈东婧,江晓波,王斌.基于用户需求的图书馆个性化知识服务系统构建[J].情报探索,2010(1):14-16.

④ 陈祖琴.基于语义路径的个性化知识服务[J].图书情报工作,2011(15):106-109.

⑤ 郭亚军,郭锐.数字出版用户知识服务需求调查与分析[J].图书馆学研究,2018(18):30-39.

2 大数据对数字出版知识服务的影响

2.1 大数据环境下知识传播的新趋势

2.1.1 大数据环境下的知识传播主体新趋势

（1）传播主体的普泛化

大数据时代，移动互联网、物联网等基础通信设施得到普及，手机、平板电脑等智能终端设备和微博、微信等社会化媒体为人们提供了双向的、互动式的知识交互渠道，获取和发布信息变得更加便利和高效。上述变化推动了知识传播主体的重构和发展，使其在一系列持续的、微妙的变化中趋于普泛化①。

知识传播主体的普泛化主要体现在三个方面：一是知识传播的主体更加丰富。智能设备帮助人们随时随地记录身边发生的事情，通过发布图片、语音和视频每个人都可以成为知识的发布者和传播者。二是知识传播的方式更加自由。微博、微信、自媒体等社会化媒体为人们提供了多元的知识传播模式，每个人都有机会参与知识的生产、传播和利用过程。三是知识传播的范围更加广泛。基于爱好、兴趣形成的社会化网络极大地扩展了知识交互的空间，知识传播的速度变得更加快捷。

---

① 赖青，李海涛. 大数据时代知识服务数字生态的构建[J]. 中国编辑，2018(9)：31－35.

(2)传播主体的多样化

在传统的知识出版模式下,知识的生产和传播主要依靠少数机构完成,生成的内容以特定领域的专业知识为主。然而,在大数据环境下,各行各业的从业者都可以参与到知识的生产和加工中来,各个阶层的个人、机构都可以成为传播的主体,知识生产、传播的类型也变得更加丰富和多样①。

在传统知识发行过程中,机构或个人出版专著、教材时必须依托特定的出版机构,他们无法作为知识发出方直接与读者对接。然而,微信、微博和知识社区等新型知识传播载体的出现,为机构和个人提供了与用户直接的交互渠道,知识传递的路径得到简化,传播效率得到了极大的提升。

(3)传播主体的平民化

随着信息技术的快速发展,以图片、视频传播为主的自媒体平台应运而生,这些平台的出现为社会各阶层人群提供了信息互通的渠道,推动了知识在不同群体间的传递和流动,知识传播的主体变得更加平民化②。

在传统知识传播过程中,知识的生产者和传播者主要是具有较高水平的专家、学者,他们通常出于人才培养需要传授知识,传播的内容都经过精心挑选,知识传播表现出较强的目的性。大数据时代的知识传播,源头和接收方通常来自社会的多个阶层,这其中包含了大量的“草根阶级”。这些非专业的传播者通常在兴趣、利他和成就感等的驱使下传播知识,传播的内容多来自个人日常的所见所闻,这凸显了知识传播主体平民化的特征。

2.1.2 大数据环境下的知识传播媒介新趋势

(1)数字出版成为主导

传统出版模式下,知识的传播主要以纸质媒介为载体,知识传递的距

---

① 鲍雪莹,赵宇翔,朱庆华. 社会化媒体环境下信息生命周期的解构及信息素养刍议[J]. 情报资料工作,2016(3):95-99.

② 邱楚芝. 媒介融合背景下数字出版产业价值链治理研究[D]. 广州:暨南大学,2011:12-13.

离短、成本高、速度慢。然而，在大数据时代，数字技术的兴起使知识传播摆脱了纸质载体的束缚，最新的互联网、流媒体和显示技术能够以极低的成本，高效地满足用户对各种类型的知识需求，数字出版成为知识传播的主要途径之一①。

具体而言，数字出版具有以下几个方面的优势：一是资源类型更加丰富，内容具有较强的关联性。传统出版物的内容主要以文字或图片为主，在知识呈现方式上较为单一，而且知识之间并未建立起有效的连接。然而，数字出版生成的内容可以包含文字、图像、语音、视频等多种类型，并可以通过虚拟仿真、增强现实等技术提高资源的呈现方式。二是服务类型多样，个性化程度高。首先，利用最新的知识存储技术可以实现对资源的精准化描述，从而提高资源的定位精度②；其次，数字出版坚持以用户需求为导向，形成了多介质、立体化的动态资源生成机制；最后，数字出版能够收集大量的用户行为数据，通过数据分析可以提供更为准确的知识服务，帮助读者实现知识的转化。上述优势决定了数字出版必将成为未来知识传播的主要方式。

(2)微信、微博在知识传播中成为主流

随着 Web2.0 时代的到来，以微信、微博等为代表的社会化媒体开始成为知识传播的主要渠道。这些平台允许用户基于兴趣、爱好和社会关系构建复杂的社交关系网络，并通过广播的方式进行裂变式的信息传播。

与传统知识传播平台不同，微信、微博充分利用现有的互联网技术，构建了聊天、朋友圈、空间等众多知识分享服务模块，能够提供高质量的文字、图片、语音和视频资源交互服务，使知识的交互与传播摆脱了时间

---

① 郭廓.传统出版向数字出版转型的关键问题与应对策略探究[J].新闻研究导刊,2019,10(6):194.

② 李婷婷.新媒体时代数字出版发展策略研究[J].新媒体研究,2018,4(20):82-83,92.

和地域的桎梏，是基于用户需求精心打造的综合性知识服务平台①。在大数据时代，微信、微博必然会成为知识传播的主流媒介。

（3）门户网站深入人心

门户网站一直是人们获取信息的重要渠道，它能够提供高质量、综合性的内容服务，是出版机构向外界传递信息的重要工具。在互联网发展的初期，门户网站只能通过简单搜索和目录索引传播知识。然而，大数据时代的门户网站被打造成集新闻、视频和直播等众多媒介于一体的综合性信息服务平台，能够提供在线新闻、专业知识和休闲娱乐等多种类型的知识传播服务，从而更好地满足差异化的用户需求②。

新一代门户网站具有以下两个特征：一是自媒体内容丰富，门户网站平台化。目前，许多门户网站开始以平台的形式与自媒体合作，通过内嵌更多平民化、多样化、普泛化的内容，极大地丰富了门户网站的平台内容，降低了用户的知识传播和获取成本。二是评论功能丰富，门户网站社交化。目前，门户网站普遍提供用户留言、在线咨询和转发帖子等多种社交功能，充分满足了用户的信息分享需求。上述特征提高了门户网站的知识传播效率，因而受到越来越多用户的认可。

（4）社交网络渗透日常生活

社交需求是人的本质需求，现实生活中人们构建了多种类型的社交网络，并通过其实现信息的裂变式传播。“社交网络”或“社会化网络”代表了一类新型的网络服务形式，作为一种新的知识传播方式，其主要依赖用户基于共同兴趣、爱好形成的社群传递信息，能够提供及时、高效的知识交换服务③。

---

① 赖青，李海涛. 大数据时代知识服务数字生态的构建［J］. 中国编辑，2018（9）：31－35.

② 欧阳日辉. 从新闻门户到社交媒体：门户网站的商业模式变迁与发展路径［J］. 新闻与写作，2019（2）：11－17.

③ 耿瑞利，申静. 社交网络用户知识共享研究：特征、内容与展望［J］. 图书情报知识，2018（1）：16－26，4.

社会化是“社交网络”知识传播的核心特征，用户之间通过“弱关系”进行连接，可以进行双向的知识交换。“六度空间”和“小世界”理论都表明通过社交网络可以实现更为高效的知识传播①。互联网是“社交网络”知识传播的基础，数字化、网络化技术使用户摆脱了地域的限制，社会化媒体的出现则提供了更为丰富的社交互动和知识交换模式。目前，以“社交网络”为核心的社会化媒体依然保持快速的发展，随着大数据技术的应用，这些平台的管理和服务能力将得到进一步提升，“社交网络”在知识传播中的重要性将得到进一步凸显。

2.1.3 大数据环境下的知识传播内容新趋势

(1)传播内容趋于低门槛

传统知识传播过程中，时间、地域等客观因素限制了知识的传递，导致传播成本的上升。为了实现传播成本与收益的平衡，出版机构倾向于发行专业化程度高、价值密度大的内容，而目标群体小、专业化程度低的内容将无法得到有效的传播，这种现象在整个出版行业普遍存在②。

大数据时代，不管是重大的研究发现，还是日常生活中的小事都可以通过互联网得到有效的传播。例如：人们通过微博、微信等社会化媒体可以发布几行简单的文字，将个人的真实经历和内心体验完整地展现出来，作为一种社交手段与朋友分享。虽然，上述内容的专业程度较低，价值密度也不高，但是其为人们带来大量有趣的话题，帮助他们获得更多的愉悦、荣誉和地位，使他们的社交需求得到充分的满足。在社会化媒体平台，不管是简短的文字或是独特的表情符号，都反映了用户特定的知识传播需求，丰富的知识表现形式使知识传播的类型更加丰富，传播的门槛大大降低。

---

① 毕达天，马卓，刘健.用户参与视角下移动社交网络互动特征及模式研究[J].情报理论与实践，2016，39(9)：90－95.

② 周煜.大数据时代出版行业发展趋势分析[J].中国出版，2014(7)：19－22.

(2)传播内容趋于私人化

与传统的知识传播相比,大数据时代人们传播知识的目的并不局限于单纯的知识传授,而是表现出享乐、利他、自我效能满足等更为复杂的动因。受此影响,大数据环境下的知识传播不需要华丽的语言烘托和专业的术语描述,也无须对主题进行特别地筛选和细致重组,知识传播的内容更加趋向于个人情感的描述和内心状态的表达,表现出明显的私人化特征①。

知识传播方式的改变能够更好地满足人们多样化的信息交互需求,导致知识传播动因的泛化,从而推动传播内容的改变。目前,人们在传递信息时不再局限于对知识的传授和观念的陈述,而是更加强调个人情感的表达。例如:随着博客等社会化媒体的出现,人们开始习惯于自述式的传播方式,通过对日常生活中真实体验的概括可以实现个人情感的有效表达。个性化、生活化的内容成为博客平台的亮点,传播内容的私人化也就成为大数据时代知识传播内容的一个典型发展趋势。

(3)传播内容趋于原始化

大数据时代,信息的来源变得更加多元,知识传播的速度也变得更加快捷,面对庞大的用户生成内容,对它们的内容审查机制也发生了巨大的改变。在传统出版领域,信息多是来自官方的出版机构,有专门的审核机制来保障出版内容的质量。然而,大数据环境下单纯依靠特定机构已经无法满足信息的审核需要,对此,知识传播平台会充分利用其用户基础,通过协同监督、协同过滤等多种方式保证网络生成内容的质量,杜绝虚假信息②。

具体而言,传统的知识传播过程中,知识的发布和传播往往是由特定机构或个人完成的,传播过程中内容很容易被篡改,传播方向也易受到他

---

① 董春雨,薛永红.大数据时代个性化知识的认识论价值[J].哲学动态,2018(1):95-101.

② 吴玉浩,姜红,高思芃.大数据驱动下技术标准化与知识管理的协同机制研究[J].现代情报,2019,39(1):20-28.

人操纵。大数据时代,先进的信息技术可以记录知识传播的每个环节,通过对这些环节进行回溯就可以方便地找到其源头,可以将这一特性称为传播内容的原始化。例如:目前,每个电子商务平台都提供了多样的顾客评价功能,其他顾客在进行网上购物时就可以参考这些评价,从而选择合适的商品。总之,知识传播内容的原始化已成为未来重要的发展趋势。

2.1.4　大数据环境下的知识传播效果新趋势

(1)"业务驱动"服务转变为"数据驱动"服务

传统知识传播主要是由"业务驱动"的,然而大数据时代的知识传播则是由"数据驱动"的。驱动方式的改变充分利用了最新的分析技术,从而推动了知识传播效率的提升①。

传统知识传播过程中,传播方式和传播路径的选择都是由业务驱动的,对传播效果的预估仅仅来自对知识传播过程的简要分析,很少对知识传播主体进行详尽、科学的评估。这种依靠主观经验进行的分析,通常无法全面、准确估计传播过程中存在的复杂问题,从而导致在设计和定位传播决策时出现偏差。大数据时代,数据成为一种战略资本,企业通过合理分析、利用数据就能够有效地制定科学的传播决策,并通过不断地调整、优化方案保证实施效果。坚持"数据驱动"提高了知识传播的针对性和精确性,让资源得到有效的整合与利用。

(2)从"整合"到"整融合"

传统的知识传播由于缺少技术支撑,通常只能对多源信息进行简单整合,大数据技术的应用为传播过程中的知识整合提供了有力支撑,通过强调对多来源信息的"整融合"实现传播效果的最优化②。

所谓"整融合"是指以知识整合为目标和以大数据技术为手段,通过

---

① 刘永坚,白立华,施其明,等.出版企业基于大数据开展知识服务的现实路径分析[J].出版参考,2017(11):8-11.

② 唐晓波,朱娟.大数据环境下知识融合的关键问题研究综述[J].图书馆杂志,2017,36(7):10-16.

媒介整合将它们融合为系统化、一体化的数字传播平台。这种平台继承了多种传播媒介在服务和内容上的优点，避免了单一平台存在的局限，通过互通互融实现服务的累加效应。大数据时代，知识传播平台的“整融合”已经成为必然的发展趋势，平台发布的内容、提供的服务、采用的信息传播方式等都迫切需要进行整合，以适应不同人群的信息需求和行为习惯，弥补传统平台依靠单一传播模式的不足。对此，加强媒体“整融合”成为顺应时代发展的必然趋势。

（3）从“及时性”到“全时性”

“及时性”指在规定时间内从信源到信宿需要经历的时间，是衡量知识传播效率的重要指标。传统知识传播过程中，许多知识都具有时效性，随着时间的推移知识的价值也在流失，因此“及时性”对保持知识的内容价值具有重要作用。“及时性”因为反映了信息的传播效果，而成为衡量知识传播效果的重要特性①。

随着网络、通信技术的发展，知识传播的速度和效率得到了极大的提升，人们对网络知识传播的评价也不再单纯依靠“及时性”，而是转而追求服务的“全时性”。“全时性”代表了一种全天候、按需提供的知识服务形式，对“及时性”这一特征进行了扩展，强调受众在知识传播过程中的主体地位。受技术因素影响，传统知识传播只能达到“及时性”，却很难实现知识传播的“全时性”。大数据时代，新的信息技术和媒体形式使全天候、个性化的知识传播服务成为可能，各种“全时性”信息服务平台不断涌现。例如：在“融媒”基础上形成的“全媒体数字平台”就是一个典型案例，该平台允许用户在任何时间、任何地点进行访问，使用户获得最新颖、最及时、最全面的新闻资讯。

（4）从“模糊”到“精确”

在传统知识传播环境下，人们在日常生活、商业活动和社会交往过

---

① 苏玉娟．大数据知识的实现方法探析［J］．山东科技大学学报（社会科学版），2019，21（1）：24－30．

程中通常只能获取有限的信息，且信息的准确性较低。然而，大数据环境下，通过对多源、异构信息的整合，平台能够更精确地了解用户需求和偏好，通过有针对性的优化传播过程可以极大地提升知识传播精度①。

大数据时代，人们对知识传播的优化主要依靠对多源数据的分析，因为是全样本数据，因此大数据可以更准确地预测事物发展趋势，面对问题自动处理、自动决策。大数据在知识传播方面的应用，使人们对事实的了解由"为什么"上升到了"是什么"的层次，使原本静止不动的数据变成了会说话的工具，使受众更加清晰地了解到知识的内容和知识之间的关联。另外，大数据的出现使人们打破小数据分析带来的局限性，实现了信息在传播中由"模糊"到"精确"的转变。人们对传统的知识传播理念产生了巨大的变化，他们开始从宏观、全局的视角看待和把握新的事物。长远来看，知识传播从"模糊"到"精确"的转变将成为大数据时代人们对知识传播效果孜孜不倦的追求目标。

2.2　大数据为数字出版知识服务带来的重大变革

2.2.1　大数据对数字出版知识服务机构的影响

（1）大数据对数字出版知识服务逻辑的影响

大数据时代，新的互联网技术和社会化媒体平台不断涌现，用户的知识需求、获取方式等都发生了巨大的改变，为了适应数字出版产业的变革，数字出版机构开始形成新的服务逻辑：一是坚持互通互联驱动服务。互联网的出现为用户提供了海量的数字内容，使他们形成了碎片化的阅读习惯，为了适应上述改变，数字出版机构开始采用大数据技术对数字出

---

① 邓奕军，李燮慧. 基于大数据知识服务体系的数字图书馆构建[J]. 广西民族大学学报（自然科学版），2017（3）：76－80.

版流程进行优化,以推动其网络服务能力的提升①。二是坚持媒体融合驱动服务。Web2.0 时代,新兴知识交互平台不断涌现,单一的媒体形态已经无法满足用户需要,许多数字出版机构开始尝试搭建全媒体平台,通过统一规划、统一设计和统一制作实现了多平台、多形式、多媒介的融合②。三是坚持用户需求驱动服务。互联网时代,人们获取信息的来源和数量都得到极大提升,他们对知识的需求更加多样,质量要求更高。为了满足用户日益增长的精神文化需求,数字出版机构迫切需要进行深层次的用户分析,以提高数字内容的出版质量③。四是坚持数据赋能驱动服务。大数据技术在传递知识的同时也传递了大量的用户数据,为了更为准确地掌握用户需求,数字出版机构需要对他们的阅读频次、行为偏好和兴趣爱好等进行分析,从而提高他们的个性化服务能力④。

(2)大数据对数字出版组织结构的影响

为了应用最新的互联网、大数据和云计算技术,推动数字出版知识服务向精准化、个性化转变,数字出版机构迫切需要搭建新的数字出版平台,并对其出版流程进行优化,这些都要求数字出版机构对其组织机构进行调整。首先,为了精准把握读者需求,数字出版机构需要成立专门的数据收集、数据管理和数据分析部门,实时收集、处理和分析海量、动态化的用户数据,以帮助机构提高数字出版知识服务能力,应对不断变化的用户需求⑤。其次,在组织结构调整的基础上,数字出版机构还需要明确数据

---

① 邓若伊,罗玉婷.大数据背景下数字出版的新思维[J].编辑学刊,2015(4):29-33.

② 孙玉玲.大数据时代数字出版产业的发展趋势[J].出版发行研究,2013(4):5-8.

③ 陈尼佳.大数据时代数字出版发展趋势研究[J].现代商贸工业,2015,36(17):12-13.

④ 李海峰.大数据下数字出版编辑的理念和职能创新探析[J].宁波大学学报(人文科学版),2015(2):129-132.

⑤ 余海燕.大数据技术在传统出版社数字出版中的应用分析[J].出版发行研究,2016(7):47-50.

管理部门的职能定位,突出数据管理部门的核心位置,形成数据驱动的数字出版知识服务模式①。最后,精准化知识服务要求数字出版机构要对其下属的部门职责进行调整,从调查用户需求、生成数字内容到接收用户反馈都要有专门的机构来负责②。

(3)大数据对数字出版人才需求的影响

与传统出版模式相比,大数据时代的数字出版在内容选题、出版流程、营销策略和知识服务形式等方面都发生了显著的变化,传统的出版从业者已经无法适应数字出版产业的发展需要,数字出版机构对从业者提出了新的要求。首先,数字出版是在融合传统纸质出版基础上形成的新的出版模式,为了适应业务整合需要,从业者既要了解传统的纸质出版模式又要精通现代的数字出版流程,对数字出版产业的发展要有深刻的认识③。其次,大数据环境下数据是数字出版的核心,出版机构的任何决策都需要以数据为支撑,这要求从业者应当具备扎实的数据分析功底,对出版数据有着深刻的见解和敏锐的洞察力④。最后,互联网环境改变了传统出版企业的运营模式,在网络环境下吸引读者的关注要求从业者具备丰富的网络运营经验,能够熟练地完成网络营销策划与实施。

(4)大数据对数字出版产业链的影响

大数据技术的应用对数字出版产业发展产生了深远的影响,新的参与主体、链接关系和商业逻辑推动了出版产业的价值重构,促进了新产业链的形成。首先,大数据改变了出版产业的链接模式,在传统编、印、发基础上大量融入了信息管理和媒介传播技术,强调服务的创造性、衍生性和多样性⑤。其次,链接模式的改变导致产业链参与主体随之调整,

---

①⑤ 于志涛,韦文杰. 大数据时代数字出版产业链的变革与重构[J]. 科技与出版,2016(2):76-79.

② 李荣. 大数据下数字出版编辑职能的创新性研究[J]. 传媒论坛,2019(5):153-156.

③ 张立伟. 大数据时代我国数字出版产业的发展境遇与进路[J]. 山西农业大学学报(社会科学版),2017(12):78-82.

④ 李运文. 试析大数据时代数字出版产业的发展趋势[J]. 经济研究导刊,2017(8):26-27.

大数据技术服务商、电子商务平台和新媒体运营企业等开始成为数字出版产业价值创造的主要力量①。再次,大数据促进了数字出版产业链的精简与融合,大量新技术的运用加强了出版机构、内容服务商、营销平台和用户之间的信息交流,取消了冗余的中间销售环节,实现了产业链各环节的信息整合②。最后,大数据技术推动了数字出版产业营利模式的变革,通过对数字出版大数据的收集、整理和分析,数字出版企业可以准确把握小众读者的个性化需求,长尾用户开始成为数字出版企业新的营利点③。

2.2.2 大数据对数字出版知识服务流程的影响

(1)大数据推动数字出版流程的数据化

新媒体时代,数字出版机构纷纷推出了基于大数据的数字出版平台,数据成为驱动数字出版流程优化的关键,大数据管理和分析技术被广泛地应用于数字出版的全过程。在内容生产阶段,数字出版平台需要面对大量专业和非专业的用户生成内容,为了提高管理效率,平台需要记录数字内容的作者、内容和发布信息,从而产生了大量的出版数据④。在营销推广阶段,大数据技术赋予数字出版平台准确识别、定位和发掘用户需求的能力,为了提高产品推荐和用户营销的准确性,平台需要对用户的使用过程进行分析,从而生成了大量的用户浏览、阅读和讨论数据⑤。在售后反馈阶段,为了解决用户遇到的产品、服务纠纷,数字出版平台会收集、整

---

① 洪云.大数据技术与数字出版模式研究[J].传媒,2015(12):77-78.

② 付婉莹,薛创.基于大数据的数字出版模式研究[J].出版发行研究,2014(11):35-38.

③ 陈尼佳.大数据时代数字出版发展趋势研究[J].现代商贸工业,2015,36(17):12-13.

④ 马国宝.大数据分析技术及其在数字出版中的运用探究[J].中国传媒科技,2017(7):67-68.

⑤ 孙玉玲.大数据时代数字出版产业的发展趋势[J].出版发行研究,2013(4):5-8.

理和分析用户体验数据，从而生成大量的用户评价、后续使用和活动参与数据。

(2)大数据推动数字出版流程的协同化

Web2.0时代，微博、微信、知乎等社会化媒体成为人们获取信息的重要方式，许多数字出版机构开始搭建多种类型的用户社区，利用大数据技术实现对数字出版流程的精准化管理，实现从数字内容设计到数字产品推广的用户协同参与。大数据环境下，用户可以通过三种方式参与数字出版流程：其一，为了吸引更多用户的关注，数字出版机构经常利用大数据分析技术对用户的搜索、点击和评论数量进行分析，借此捕捉当前的关注热点，以优化出版内容选题。其二，为了汇聚集体智慧，数字出版机构经常利用大数据分析技术对用户的专业、能力和兴趣进行分析，通过推荐合适的创新伙伴引导他们进行协同内容设计①。其三，为了提高数字内容的生产效率，数字出版机构纷纷搭建协同编纂平台，通过分布式存储、分布式计算和云存储等大数据技术，实现跨地域的实时内容撰写、多用户协同编辑和一体化动态发布②。

(3)大数据推动数字出版流程的智能化

互联网环境下，数字出版机构需要处理海量的用户生成内容，人工方式已经无法满足数字内容的出版需要。然而，大数据分析技术的应用提高了数字内容生产、管理和传播的智能化程度，推动了数字出版服务质量的提升。首先，大数据技术的应用提高了数字出版平台对用户需求的识别能力，有针对性的内容设计实现了数字内容生产的智能化③。其次，大数据技术的应用提高了数字出版平台对用户行为习惯、偏好的挖掘、分析

① 刘鲲翔，杜丽娟，丁雪. 大数据技术在数字出版中的应用前景展望[J]. 出版发行研究，2013(4)：9－11.

② 崔恒勇，范钦儒. 试析数字出版平台与大数据结构[J]. 出版发行研究，2014(4)：9－12.

③ 李雪松. 论大数据技术在数字出版中的应用[J]. 科学技术创新，2017(28)：135－136.

能力,通过精准化的内容推荐实现了数字产品推广的智能化。最后,大数据技术的应用提高了数字出版机构的客户管理与服务能力,使数字出版平台能够及时反馈、分析用户使用感受,并采取有针对性的引导措施提高用户黏性,通过个性化的客户管理实现数字出版知识服务的智能化。

2.2.3 大数据对数字出版知识服务内容的影响

(1)大数据对数字出版内容的影响

首先,大数据技术的应用提高了数字出版机构的用户管理能力,无论是具有丰富经验的专业生产者,还是受兴趣、爱好驱动的非专业人士都可以生成数字内容,这些用户的参与极大地提高了数字内容的生产数量。其次,大数据数字出版平台普遍采用先进的分布式技术,能够有效解决大容量图片、语音和视频资源的存储和管理问题,载体的多样化极大地丰富了数字内容的表现形式①。再次,与传统出版模式不同,数字出版机构不仅可以生产高品质内容,同时也可以生成大量的数字出版数据,这些数据既可以作为基础资料供研究使用,同时也可用于数据分析以支持出版决策②。最后,大数据环境下数据成为驱动数字出版的关键,从数字内容的选题与设计到数字内容的生产与推广,每个出版环节都需要以数据为支撑③,大数据技术提高了数字出版机构的内容质量和知识服务能力。

(2)大数据对数字出版商业模式的影响

首先,大数据时代,数字出版机构与用户间的交互方式日益丰富,信息交流的深度得到增强,自助式出版、电子书借阅、众筹等新的数字出版模式不断涌现。例如:以 kindle 为代表的自助式数字出版平台允许用户

---

① 付婉莹,薛创.基于大数据的数字出版模式研究[J].出版发行研究,2014(11):35-38.

② 陈尼佳.大数据时代数字出版发展趋势研究[J].现代商贸工业,2015,36(17):12-13.

③ 狄野.大数据语境下数字内容产业发展的思维变革——以数字出版为例[J].出版发行研究,2017(2):41-43.

自由发布个人创作的网络作品，并通过平台分成获取阅读收益①。其次，数字出版机构基于大数据技术构建了虚拟品牌社区、消费者社交网络等平台，通过收集用户需求、体验和评论数据优化数字出版服务，形成了数字出版机构与用户共同参与的价值共创模式②。最后，大数据技术的应用使数字出版机构能够准确识别用户需求，内容产销模式逐渐从面向大众市场的畅销书模式，向面向长尾用户的个性化、精准化知识服务模式转变③。

(3)大数据对数字出版营销策略的影响

大数据技术的出现颠覆了传统出版机构的服务逻辑、出版流程和商业模式，为了提高适应互联网用户新的知识获取方式，数字出版机构采取了一系列措施，精准化、个性化和社会化成为其主要的营销手段。首先，长尾理论认为10%热门产品的总利润与90%长尾产品的总利润是相等的，传统模式下收集分散的消费数据需要花费高额的成本④，然而大数据环境下采用云存储技术可以显著降低用户数据的获取成本，同时大数据分析技术也可以准确识别和定位用户需求，从而实现精准化的内容推荐和产品促销⑤。其次，互联网环境下海量的网络信息和碎片化的使用时间导致了严重的信息超载，主动搜索已经无法满足用户的信息获取需要，智能推荐系统成为解决问题的关键。目前，各大数字出版平台均开始采用人工智能和大数据分析技术，能够根据用户需求提供个性化

---

① 王坤. 大数据时代数字出版产业现状与未来走向[J]. 新媒体研究，2017(4)：92-93.

② 资武成，方卿. 大数据时代数字出版企业的价值共创研究[J]. 出版科学，2016，24(4)：27-32.

③ 邓凤仪，邓海荣. 大数据时代数字出版的“长尾效应”[J]. 出版发行研究，2014(10)：27-29.

④ 蔡立媛. TSCR：大数据时代数字出版的“利基营销”[J]. 科技与出版，2015(7)：75-78.

⑤ 杨曙. 大数据时代下的数字出版营销策略[J]. 晋中学院学报，2015(2)：118-121.

的产品推荐①。最后,Web2.0 时代微博、社区、朋友圈成为引领用户思潮的重要工具,“大 V”“网红”和“意见领袖”对用户消费行为发挥着关键的影响,通过社交网络可以实现裂变式的信息传播。对此,数字出版机构开始充分利用社会化媒体平台,通过社会化的方式进行产品营销②。

2.2.4 大数据对数字出版知识服务形式的影响

(1)大数据时代数字出版更关注用户体验

大数据环境下,数字出版服务从传统的以内容为中心发展到以用户为中心,用户体验成为评价数字出版知识服务质量的关键③,围绕这一核心指标数字出版机构对其服务方式进行了调整。首先,为了更好地满足用户需求,数字出版机构普遍推出精准化、个性化的出版服务,通过对用户点击、评价和购买等数据的分析预测用户需求,并将其作为确定选题、作者和内容的重要依据。其次,为了提高数字出版质量,数字出版机构采用大数据技术对数字内容的出版过程进行监控,通过大数据技术对用户使用数据进行分析,以优化数字出版流程、提高数字出版知识服务质量④。最后,为了提高用户体验,数字出版机构非常关注用户的使用感受,通过大数据技术对用户的评价数据进行分析,使平台能够根据差异化的用户体验自动选择合适的后续服务⑤。

(2)大数据时代数字出版强调精准化的知识服务

首先,大数据技术的应用使数字出版机构具备了生产、分析和应用大数据的能力,大数据全样本、多来源和高价值的数据特性,使数字出版平

① 祝兴平.“大数据”与期刊产业的数字出版[J]. 出版参考,2013(34):12-13.

②⑤ 崔恒勇,范钦儒. 试析数字出版平台与大数据结构[J]. 出版发行研究,2014(4):9-12.

③ 洪云. 大数据技术与数字出版模式研究[J]. 传媒,2015(12):77-78.

④ 李雪松. 论大数据技术在数字出版中的应用[J]. 科学技术创新,2017(28):135-136.

台能够准确地识别用户的类型、需求和能力，实现知识搜索者和知识创作者的准确对接，最大限度地发挥数字出版机构的平台作用。其次，数字出版机构利用大数据技术收集、存储了大量的用户使用信息，通过对这些数据的分析能够精准把握用户需求，实现用户与数字资源的准确对接①。最后，通过大数据技术，数字出版机构可以对数字内容的出版流程进行精准化管理，通过对用户体验的实时监控及时优化服务流程和服务方式，实现用户与数字出版知识服务的准确对接②。

(3)大数据时代数字出版强调个性化的知识服务

为了满足差异化的用户需求，数字出版机构搭建了基于大数据技术的数字出版知识服务平台，该平台能够收集丰富的用户数据，形成精准的"用户画像"，通过对用户行为偏好的分析提供个性化服务③。首先，数字出版机构利用日志大数据对用户的搜索主题、浏览数量、购买记录等行为数据进行分析，并据此进行个性化的内容推荐，从而减少因为信息超载造成的检索困难和时间浪费，使用户获得更好的使用体验④。其次，数字出版机构在开发资源数据库时，会结合用户对各领域主题的网上点击浏览量优化数字内容的选题和呈现形式，通过大数据技术提高资源的使用效率，优化知识资源的配置。最后，通过大数据技术，数字出版机构掌握了用户需求的动态变化规律，通过分析用户知识需求提供个性化的内容定制服务⑤。

---

① 管兆宁. 价、量、时、空的维度空间——大数据背景下数字出版转型发展的要素分析[J]. 新闻传播，2016(18)：11－13.

② 李运文. 试析大数据时代数字出版产业的发展趋势[J]. 经济研究导刊，2017(8)：26－27.

③ 祝兴平. "大数据"与期刊产业的数字出版[J]. 出版参考，2013(34)：12－13.

④ 余海燕. 大数据技术在传统出版社数字出版中的应用分析[J]. 出版发行研究，2016(7)：47－50.

⑤ 孙玉玲. 大数据时代数字出版产业的发展趋势[J]. 出版发行研究，2013(4)：5－8.

3 数字出版用户知识服务需求分析

为了解当前数字出版用户对于知识服务的需求，本书进行了问卷调查。调查实施的基本情况如下：

（1）调查内容。调查问卷（见附录）共设计了 24 道问题，这些问题包括调查对象的性别、年龄、职业等个人信息，知识获取途径和常用数字出版物等资源的使用情况，对数字出版资源的需求，对数字出版知识服务的实现技术、流程、资源质量、客户服务的评价等。

（2）调查方法。本次调查采用网络调查，借助专业在线问卷平台“问卷星”发布问卷，同时还通过微信朋友圈、QQ 好友动态以及专业微信群和 QQ 群，广泛利用网络社交的方式进行转发和广泛传播。

（3）调查对象。本次调查最终获得有效问卷 621 份。这些调查对象男女比例为 43∶57；包括各个年龄段但以年轻人为主，20—30 岁的人数占到 63%；涵盖不同的学历但以本科为主，最高学历为本科的占到 48%；调查对象所在地覆盖了中国各省市以及国外，其中河南、北京和广东参与人数最多，分别占比 35%、16% 和 8%；学生在调查对象中占比 33%，其次是自由职业者和企业非科研人员，分别占比 14% 和 13%。

（4）调查时间为 2018 年 2 月至 4 月。

以下是对数字出版用户的知识服务需求问卷调查的统计分析。

3.1 数字出版资源的使用现状分析

3.1.1 数字出版在用户获取知识途径上占据重要地位

长久以来，纸质出版与数字出版一直在博弈，而且这个博弈将是一个漫长的过程①。本次调查发现，尽管相对多的人在获取知识时，对纸质出版物和数字出版物的选择是“二者基本相当”（占比 46%），但选择“以数字出版物为主”比选择“以纸质出版物为主”的比例高出 20 个百分点（见图 3－1）。由此可见，当前数字出版在与纸质出版的博弈中逐渐占据了上风，数字出版在用户获取知识上占据越来越重要的地位。

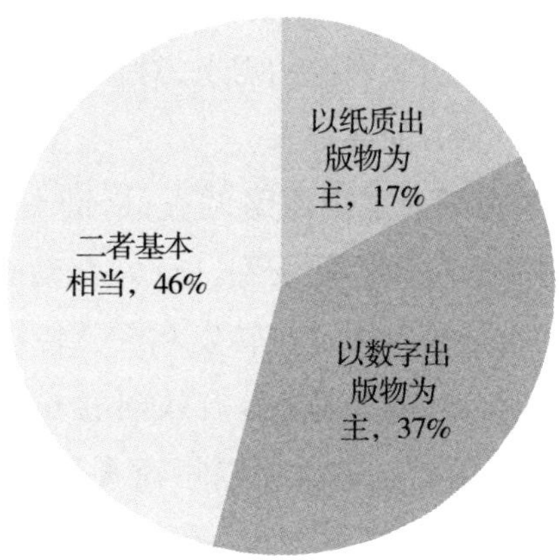

图 3－1 用户获取知识的主要途径

3.1.2 微信和微博成为获取知识的主要数字出版物类型

传统的数字出版物包括电子图书、数字报纸、数字期刊等，它们大多是将纸质出版物进行数字化后形成的，也有少部分是完全脱离了纸质出

① 张宏. 从转型走向破局——关于数字出版与纸质出版的博弈[J]. 编辑学刊，2011(3):6－11.

版物的纯粹的数字资源。微信和微博则是一种新型的数字出版模式，目前作为移动阅读和碎片化阅读的主要阵地，甚至被预言将推动数字出版新革命①。据腾讯2019年第三季度财报，微信的月活跃账户数达11.51亿②，同期新浪微博财报显示其月活跃账户数为4.97亿③，所谓的“微”时代已经到来。本次调查结果显示，45%的人通过微信、微博获取知识，其占比远远高于电子图书（29%）、数字期刊（19%）、数字报纸（5%）和其他数字出版物（3%）（见图3-2）。

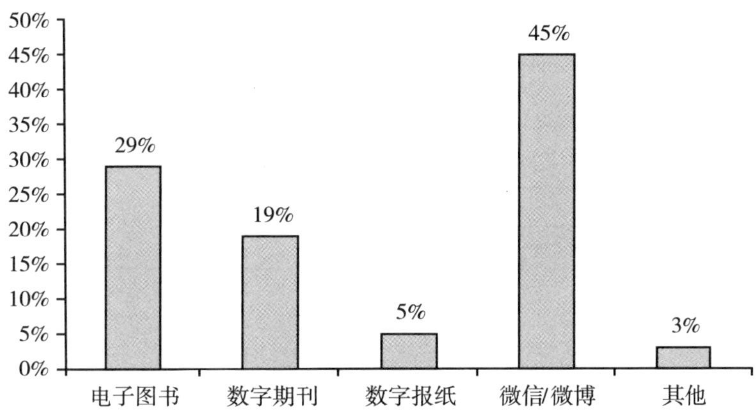

图3-2 主要数字出版物类型分布

3.1.3 一半以上用户日均数字阅读超过1小时

调查结果显示，有25%的用户每天数字阅读时间为0.6—1小时，20%的用户在2小时以上，也有6%的用户几乎不花费时间在数字阅读上（见图3-3）。一直以来，媒体经常报道中国人均读书时间和数量少④，其

---

① 王钟雄.微信或将推动数字出版新革命[J].出版广角，2013(15):20-22.

② 腾讯科技.腾讯2019年第三季度财报：小程序日活超3亿[EB/OL].[2019-11-21].https://tech.qq.com/a/20191113/009352.htm.

③ 新浪科技.微博发布2019年第三季度财报[EB/OL].[2019-11-21].https://tech.sina.com.cn/i/2019-11-14/doc-iihnzahi0866458.shtml? source=cj&dv=1.

④ 罗捷，李树峰，刘明洋.“不阅读的中国人”缘何那么多[N].新华每日电讯，2013-08-09(6).

实从调查来看,在大数据环境下,阅读纸质出版资源的时间和数量可能并不多,但是大家并不是没有花费时间进行阅读,而是更多地进行了数字阅读。1 小时可能是完整地看了一本书,也可能是碎片化地阅读了很多文章。无论如何,多元化的数字阅读方式对于培养阅读兴趣、促进人们更多地阅读有着非常积极的作用。

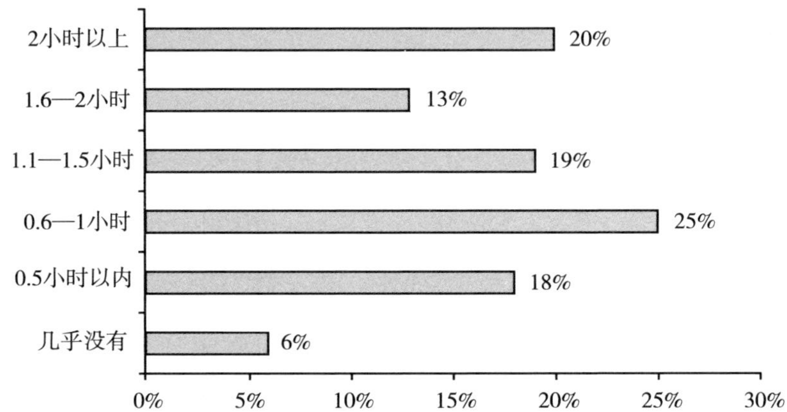

图 3-3 用户数字阅读的日均时长

3.1.4 手机成为数字阅读最常用的设备

从数字阅读的设备类型调查结果来看:通过手机进行数字出版资源阅读的用户最多,占比达到 63%;选择笔记本电脑进行数字出版资源阅读的用户占比 19%;选择台式电脑进行数字出版资源阅读的用户有 13%;有少数用户选择 kindle 等手持阅读器和 iPad 等平板电脑来进行数字阅读,其比例各占 2%(见图 3-4)。2005 年,中国人民大学匡文波教授曾预言:手机出版是“21 世纪出版业的新机遇”,“手机将成为随身携带的、交互式、多媒体的大众媒体”①,这一预言现在已经得到了证实。

---

① 匡文波. 手机出版:21 世纪出版业的新机遇[J]. 陕西师范大学学报(哲学社会科学版),2005(1):119-124.

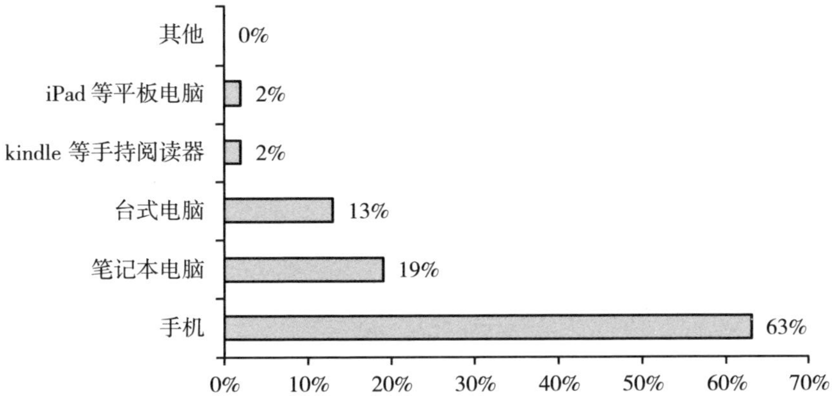

图 3－4 常用数字出版阅读电子设备分布

3.1.5 大部分用户主要通过网络免费获取数字出版资源

随着时代的进步和技术发展,如今人们坐在家中或办公室里就能便捷地获取各种数字出版资源。调查显示:大部分用户更倾向于自己上网免费获取数字出版资源(见图 3－5),借助所在单位所购买的资源来获取数字出版资源的只有 21%,而通过公共图书馆免费获取的用户仅有 4%。这从一个侧面也反映出,包括图书馆、情报机构等在内的数字资源服务提供方还有很大的提高空间。

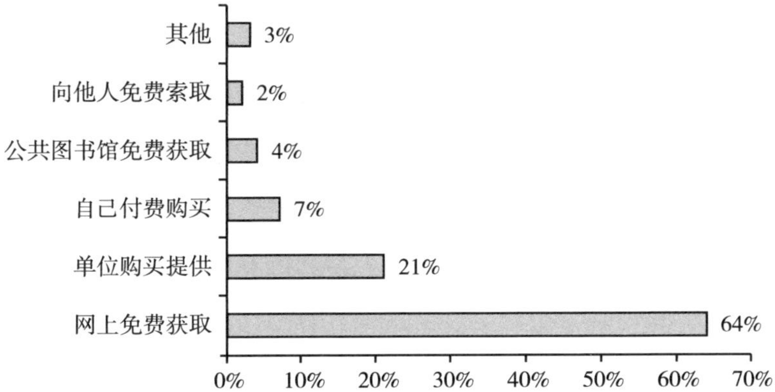

图 3－5 获取数字出版资源的主要途径

3.2 用户对数字出版资源的需求分析

3.2.1 需求程度:"非常强烈"和"比较强烈"占比超过四成

调查结果显示:对数字出版资源的需求表现为"一般"的用户占比最多,达到56%;表现为"比较强烈"的占比27%,表现为"非常强烈"的占比14%,这二者总占比超过四成;仅有2%表现为"比较不强烈",1%为"非常不强烈"(见图3-6)。可以说从数字出版需求方而言,需求是实实在在的而且是非常大的,而对于提供方来说,如何细分这些需求和怎样满足这些需求才是问题的关键。

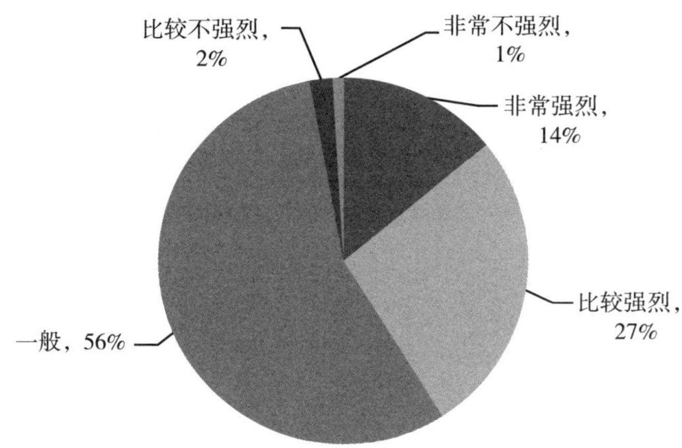

图3-6 数字出版资源的需求程度分布

3.2.2 知识类型:生活休闲娱乐类知识最受关注

用户对数字出版资源的知识需求类型是多样的,调查分析显示:生活及休闲娱乐类知识最受用户关注,43%的用户对此内容关注;有29%的用户需要通过数字出版资源获取学习类知识;有18%的用户是为科研工作而使用数字出版资源;6%的用户则是为了获得非科研性质工作方面的知识(见图3-7)。

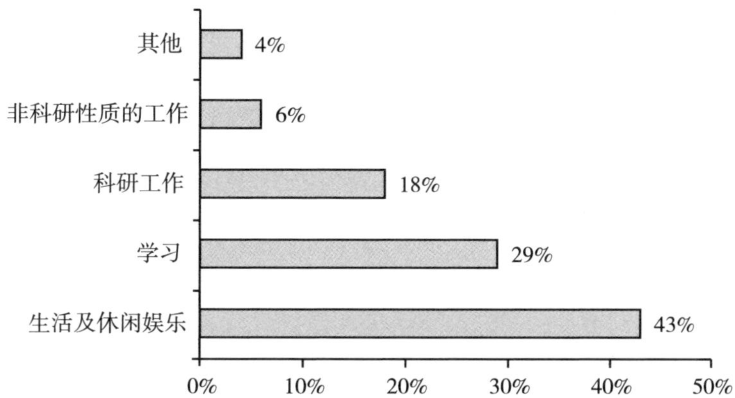

图 3－7 使用数字出版资源获得的主要知识类型占比

3.2.3 比较优势:“方便获取”是数字出版资源最大优势

调查显示,与纸质资源相比较,数字出版资源的优势中,用户认可度最高的是“方便获取”,占比达到 71%,其次是“资源更多”,占比为 58%(见图 3－8)。这体现出 Zepf 提出的“最小努力原则”①,即人们总是希望

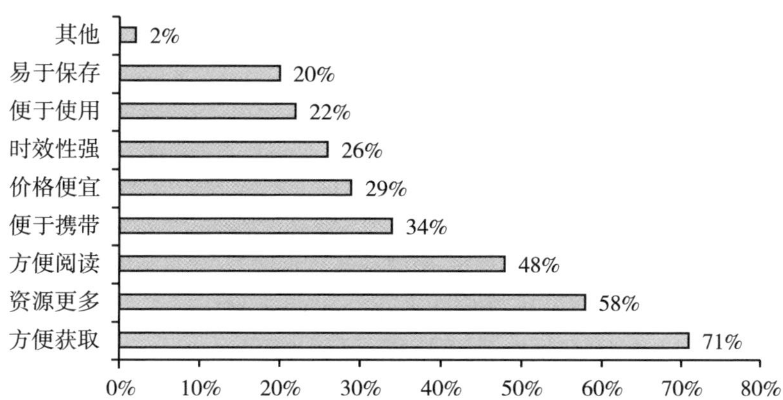

图 3－8 数字出版资源相比纸质资源的优势

① ZEPF K. Human behavior and the principle of least effort[M]. Boston: Addison-Wesley press,1949:21－22.

以最小的付出获得最大的利益。相对于纸质资源，数字出版资源不受时间、空间限制，可以进行远距离、高速度的传输，实现资源共享，不同国家、不同地区的用户在网络环境下只需很短时间就可获得所需的信息资源，极大满足了用户希望以最小成本获得最大收益的心理与行为趋向。此外，更多的资源、更便宜的价格、更强的时效性，以及阅读、携带、保存等方面的便利性，都是数字出版得到用户青睐的一些主要因素。

3.2.4 相对劣势："眼睛易疲劳"是数字出版资源最大不足

当然，数字出版资源也不是"完胜"纸质资源，实际情况是，纸质出版物非但未被取代，而且近年来在某些领域甚至有"回暖"的势头，究其原因是因为与纸质资源相比较，数字出版资源还是存在着一些不足。调查结果显示："眼睛容易疲劳"是数字出版最大的不足，71%的用户看重这一方面（见图3－9），尤其是对于中国人而言，保护眼睛一直以来都是最受关注的健康问题之一。除此之外，有51%的用户认为"不方便做笔记和做阅读标记"也是数字出版物的弱势，因为并不是所有电子阅读器都有增加备

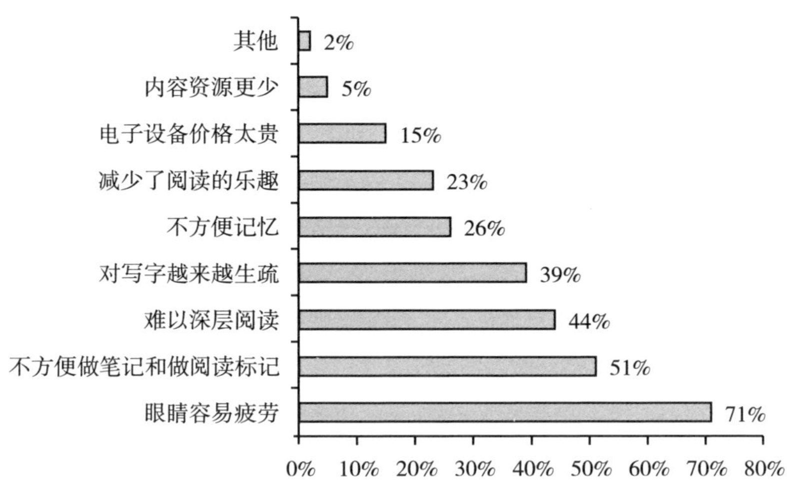

图3－9 数字出版资源相比纸质资源的不足

注和批注等功能①。有44%的用户表示“难以深层阅读”是数字出版存在的另一个突出缺点。袁曦临等研究者认为与纸质阅读相比,数字阅读更倾向于浅层了解,读者进行深层思考的程度较低,也不利于读者在长期记忆中内化为阅读材料②。

3.3　用户对数字出版知识服务的需求分析

3.3.1　关于知识服务方式的最大需求:自主查询

调查结果显示:自主查询是最受用户欢迎的知识服务方式,超过四成用户喜欢自行前往数字出版资源库中查询;24%的用户则愿意在自己提出需求后获得专题服务;23%的用户希望自己感兴趣的知识被定期推送;在线咨询服务的需求比例有10%(见图3-10)。

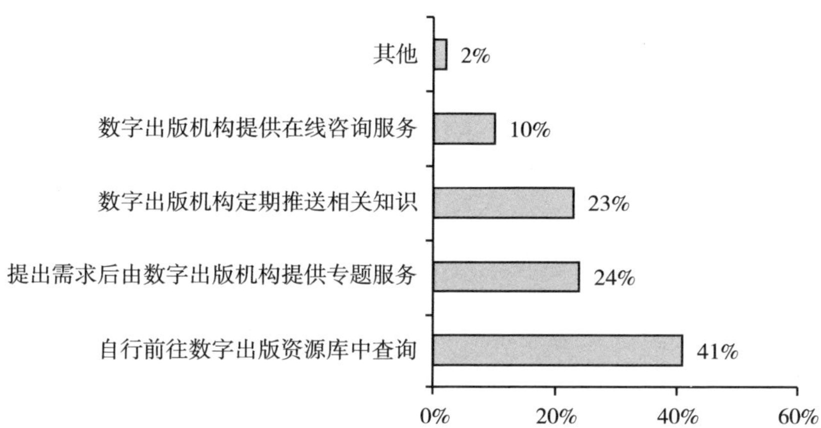

图3-10　数字出版知识服务方式需求分布

① RAMDARSHAN M, WAGSTAFF K. Marginalia in the digital age: are digital reading devices meeting the needs of today's readers? [J]. Library & information science research,2017,39(1):16-22.

② 袁曦临,王骏,刘禄.纸质阅读与数字阅读理解效果实验研究[J].中国图书馆学报,2015(5):35-46.

3.3.2 关于知识服务设施及技术的最大需求:操作方便

从技术和操作层面上看,大多数用户认为对于数字出版物而言,“操作方便”最为重要(占比 67%),其次是“响应速度快”(占比 57%)以及“更多下载权限”(占比 43%)(见图 3-11)。这些其实不仅是对于数字出版的要求,而是对于所有互联网产品最为基本的要求。

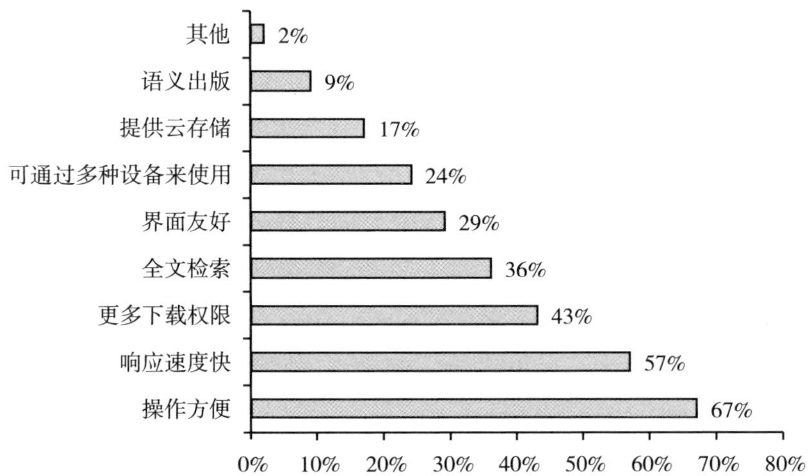

图 3-11 数字出版知识服务设施及技术需求

3.3.3 关于知识服务流程的最大需求:知识链接

对于数字出版知识服务流程的需求,50% 的用户认为“相关知识链接”最重要,48% 的用户认为“知识挖掘分析”最重要,还有一些用户对“知识导航”(45%)、“检索方式”(45%)、“知识体系脉络”(44%)存在较大需求(见图 3-12)。可见用户对于知识的关联性和深入性都有较大的需求,值得服务机构的重视。

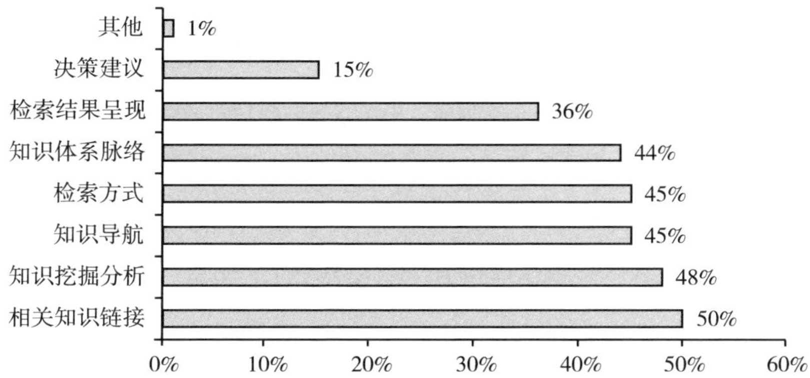

图 3－12　数字出版知识服务流程需求

3.3.4　关于知识资源质量的最大需求:权威性

调查结果显示:“权威性”是用户对数字出版知识资源质量最看重的因素,66% 的用户选择了这一项,可见资源内容可靠是数字出版首先要予以保障的;其次,资源内容要完整、有深度,“深入性”和“完备性”的占比都是 44%;数字出版资源能提供解决方案、具有多种资源类型、反映最新知识、针对用户需求等也都是用户所关注的;对于知识产权,用户的关注度则只有 11%(见图 3－13)。

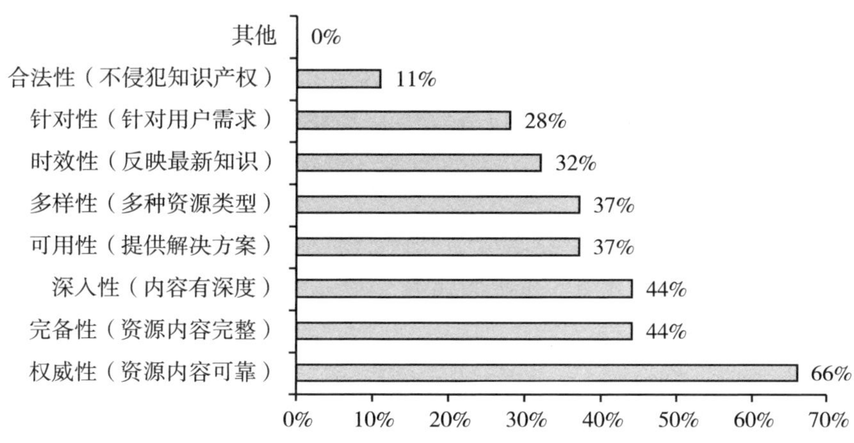

图 3－13　数字出版知识资源质量需求

3.3.5 关于客户服务的最大需求:及时响应

知识服务的本质也是一种服务,用户对于客户服务的需求也是本次调查的内容之一(见图3－14)。调查结果显示:响应及时是用户对于数字出版知识服务的客户服务最看中的环节(占比59%)。另外,注重对需求的主动挖掘以及听取建议也占有一定的比例,都接近50%。

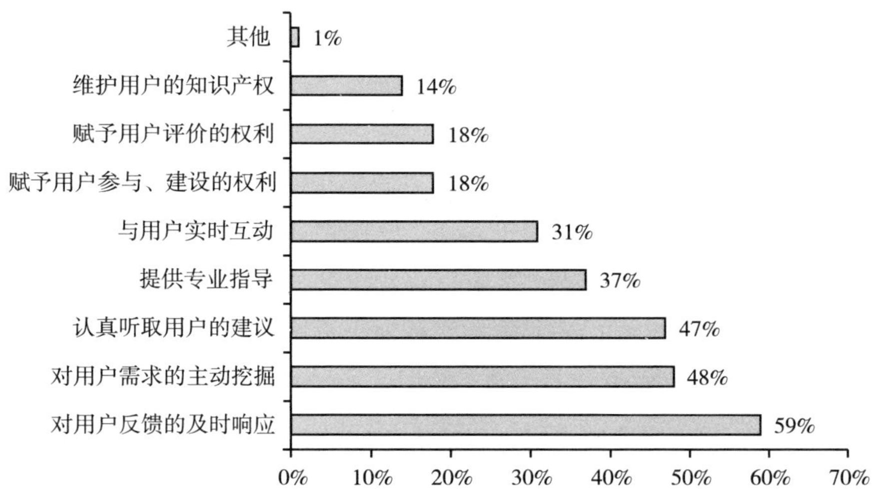

图3－14 数字出版知识服务客户服务内容分布

3.3.6 关于个性化知识服务的最大需求:知识推送

在具体的个性化需求上,超过一半的用户对提供个性化的"知识推送""资源存储"和"知识定制"有较大需求(见图3－15),可见在"个性化"这个问题上,依然是内容为王。而有关其他展现形式上的,如个性化"知识呈现"和"界面设计"等占比仅有三成。个性化交互与跟踪服务受到的关注则更少。

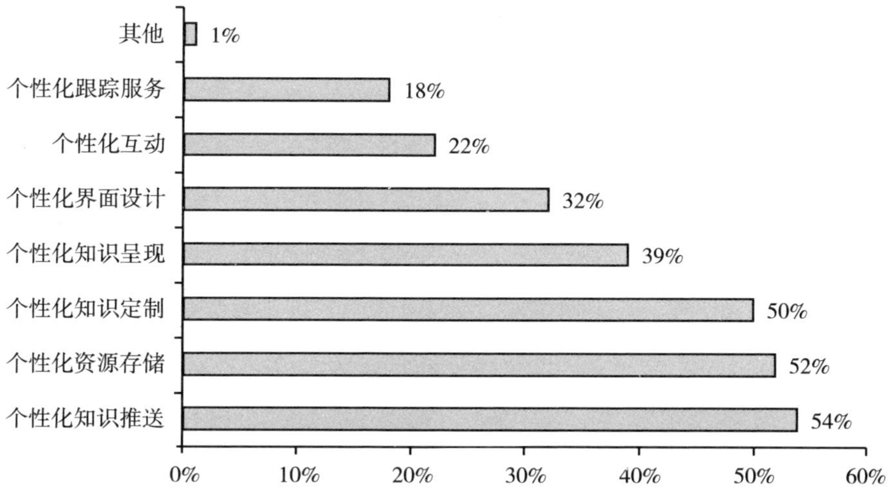

图 3－15 数字出版个性化知识服务需求

4 现有数字出版知识服务模式

上一章从“需求”角度介绍了数字出版用户知识服务需求调查结果,本章从“供给”角度来考察现有数字出版知识服务的主要模式。

本书通过对国内外相关机构的调查分析,总结出现有数字出版知识服务的五种主要模式:知识资源数据库模式、知识获取终端设备模式、社交媒体知识分享模式、开放式知识众编模式和知识付费订阅模式。下面我们将从这5种主要模式的知识资源的主要类型、主要来源、组织形式、展示平台、获取方式、主要用户类型以及主要营利途径等进行多方面的对比研究(参见表4-1),以期对现有数字出版知识服务模式进行全方位的分析。

4.1 知识资源数据库模式

4.1.1 国内外典型代表

作为发展成熟的知识服务模式之一,知识资源数据库可以说是传统出版与现代出版相结合的产物。

国外知识资源数据库的代表有:Elsevier、Springer、EBSCO 等。爱思唯尔的 ScienceDirect 全文数据库提供2500种学术期刊和250种开放获取出版物的1600万篇论文,以及3.9万种电子图书,每月有2500万研究人员在使用①。施普林格的 SpringerLink 全文数据库是全球最大的在线科学、技术和医学领域学术资源平台，用户可以在线阅读或下载这些领域的各类期刊、图书、参考工具书、回溯文档以及会议论文等数字出版物②。EBSCO 公司有 100 多个专题数据库供用户选择，理工科数据库、艺术与建筑数据库、环境科学数据库、能源与动力数据库以及图书情报数据库等③。

国内知识资源数据库的代表包括中国知网、超星数字图书馆和万方数据等。中国知网指的是中国知识基础设施工程（China National Knowledge Infrastructure，CNKI），包括中国学术期刊网络出版总库、中国博硕士学位论文全文数据库、中国年鉴网络出版总库等，提供文献搜索、图形搜索、学术统计分析等检索服务④。而中国不少传统出版社也都在纷纷利用自身的资源优势建立专题数据库，如人民卫生出版社的“临床知识数据库”、化学工业出版社的“化工知识库”、人民交通出版社的“交通运输专题知识库”、中华书局的“中华古籍语料库”、社会科学文献出版社的人文社会科学综合学术资源总库“皮书数据库”等，都在不同的垂直领域提供权威专业内容和个性化检索服务。

---

① Elsevier[EB/OL].[2019-07-08]. https://www.elsevier.com/solutions/sciencedirect.

② Springer[EB/OL].[2019-07-08]. http://www.springer.com/gp/products/springerlink.

③ EBSCO[EB/OL].[2019-07-08]. https://www.ebsco.com/products/research-databases.

④ 中国知网[EB/OL].[2019-07-17]. https://baike.so.com/doc/2971200-3134255.html.

表 4-1 数字出版知识服务主要模式比较

比较内容	主要模式				
	知识资源数据库模式	知识获取终端设备模式	社交媒体知识分享模式	开放式知识众编模式	知识付费订阅模式
知识资源的主要类型	数字化期刊论文	电子书	网络文章	问答信息	音频、视频文件
知识资源的主要来源	OGC(职业生产内容),自有出版资源或购买版权	OGC(职业生产内容),购买电子书版权	UGC(用户生产内容),网友创作	UGC(用户生产内容),网友创作	PGC(专业生产内容)+UGC(用户生产内容),专家创作为主,网友创作为辅
知识资源的组织形式	论文集合,提供全文或摘要、参考文献和索引等	电子书集合	网友创作的信息集合	通过回答问题组织多人参与知识编辑	音频、视频信息的集合
知识资源的展示平台	数据库	电子阅读器	社交媒体	问答平台	APP
知识资源的获取方式	下载文献进行阅读	通过电子阅读器进行阅读	社交媒体上的知识分享	人与人之间的问答交流	“听取”知识
主要用户类型	以科研型用户、机构用户为主	喜欢看电子书的人,基本是个人用户	智能手机的使用人群,主要是个人用户	“搜索专业内容自我提升”的个人用户	作为“终身学习者”的个人用户

续表

比较内容	主要模式				
	知识资源数据库模式	知识获取终端设备模式	社交媒体知识分享模式	开放式知识众编模式	知识付费订阅模式
主要营利方式	数据库整体销售、文献收费下载	电子阅读器销售、文献收费下载	广告收入、赞赏收入、好友买卖	广告收入、付费问答	付费订阅
服务商性质	出版企业	科技企业	社交媒体企业	互联网企业	教育企业
独特优势	具有较高的学术价值	可以实现线下阅读,方便携带	依托于社交关系,传播效率高	挖掘出用户头脑中的"隐性知识"	"随时随地,听我想听"
国外典型代表	爱思唯尔(Elsevier)、施普林格(Springer)、EBSCO	亚马逊 kindle、苹果 iPad	脸书(Facebook)、推特(Twitter)	Quora	Skillshare
国内典型代表	中国知网、万方数据、重庆维普	汉王电纸书、盛大 Bambook 电子书	微信、微博	知乎	得到 APP、喜马拉雅 FM
对大数据的应用	爱思唯尔 SciVal 借助大数据为用户提供科研绩效分析和决策服务	亚马逊和苹果公司通过读者阅读痕迹等大数据分析进行个性化推荐	微信公众号应用大数据进行粉丝画像,确定推文时间和推文内容等	Quora 应用大数据和机器学习对答案进行排序	喜马拉雅 FM 推出基于大数据的个性化推送系统"猜你喜欢"

4.1.2 基本特点

该模式背后一般都有着传统的专业出版机构作为支撑,甚至它们就直接是其主要运营方。知识资源组织形式为职业生产内容(Occupationally-generated Content,OGC),对生产者有一定的要求,通过将原有的资源数字化或购买其他数字资源,为用户提供包括全文或摘要、参考文献等内容的检索和下载服务,具有专业性、职业化的特点。一般而言,该模式主要为研究领域提供服务,用户多以科研机构、高校图书馆等机构为主,数据库整体销售、文献下载收费为主要营利方式。

4.1.3 大数据应用

大数据环境下的知识资源数据库通过对于本身就拥有的海量的数据、权威的作者与出版机构、高质量的内容经过先进的大数据技术分析后,可以为客户提供更加精准的决策支撑和科学参考依据。如爱思唯尔基于 Scopus 引文数据库开发的科研分析工具 SciVal,整合了学术专著、期刊论文、学术会议记录、专利等内容,采用 HPCC 大数据技术,能够对海量的论文和引用数据进行分析①。又如中国知网开发的“学术不端文献检测系统”,通过大数据查重系统进行比对,可以检测是否存在抄袭、剽窃或者过度引用的问题,完成一篇 5000 个汉字的文献比对一般用时仅为 2—5 秒②。

4.2 知识获取终端设备模式

4.2.1 国内外典型代表

知识获取终端设备指的是承载数字出版知识的设备——电子阅读器。

---

① 白可珊.爱思唯尔未来十年转型新方向 开发数字决策工具[N].中国出版传媒商报,2014-08-26(6).

② 中国知网[EB/OL].[2018-06-16].http://check.cnki.net/.

电子阅读器的主要代表是美国亚马逊推出的 kindle。亚马逊第一代 kindle 于 2007 年上市,截止到 2009 年的统计数据显示,通过电子内容平台 Kindle Store 销售出的电子书数量已经超过了实体书①。除了海量的内容,kindle 还提供了强大的商品评比、类似书目推荐、搜索引擎、预览部分章节等创新性服务和有特色的售后服务②。而且 kindle 的 e-ink 屏、电子墨水对眼睛的伤害较小。苹果 iPad 是 2010 年发布的平板电脑,可以浏览网站、收发电子邮件、玩游戏,也可以用来阅读电子书,其上市后迅速成为很多专业电子阅读器的替代品。

国内的典型代表是掌阅 iReader 电子书阅读器,它的特点包括图文混排、多特色方言语音朗读和支持所有主流阅读格式等。此外,汉王电纸书、文石 BOOX 阅读器、科大讯飞智能办公本等电子阅读器产品也在该领域占据一席之地。

4.2.2 基本特点

该模式的运营方主要为以平台产品研发为主导的科技类企业。其知识资源组织形式是 OGC(职业生产内容):通过购买网络出版商或个人作者的电子书版权,采取版权合作方式,只是平台变成了电子阅读器,在功能上提供的多为电子书籍(资源)的检索、阅读、购买、上传等,除了内容的丰富外,该模式更加注重以用户为中心,完善用户的阅读体验。值得一提的是,该模式也为数字时代下的传统出版商转型提供了一定的有利条件。

4.2.3 大数据应用

该模式往往更加专注于采用先进的技术,在集聚海量的数字内容的同时,还在很大程度上丰富了阅读资源。此外,还通过大数据相关技术收集用户(读者)的行为(如阅读痕迹、反馈评价等)来判断其阅读习惯及喜

---

① 陆臻.从媒介环境学角度考察亚马逊"Kindle"模式及其启示[J].现代传播(中国传媒大学学报),2015,37(8):128-131.

② 王永亮.电子书传播文化平台探索——以亚马逊 Kindle 营销为例[J].出版广角,2017(21):60-62.

好从而进行精准推送。亚马逊在1998年就申请了"item to item"协同过滤技术专利,推出了个性化推荐系统,这一技术现在已经广泛运用在亚马逊kindle的书籍推荐功能中,根据用户平时的阅读习惯和评论、评分等行为,从而推荐出更符合用户偏好的内容。而苹果iPad的个性化服务则体现在强大的自适应交互模式上,根据用户使用iPad的方向变化做出相应的调整,不论是横向页面还是纵向界面都能整齐、清晰地显示内容,为用户提供良好的阅读体验①。

4.3 社交媒体知识分享模式

4.3.1 国内外典型代表

该模式是以社交媒体平台为依托,用户之间可以相互交流分享知识资源的一种新兴形式。脸书(Facebook)作为目前世界上最大的网络社区,同时也是一个开展非正式学习和社会化学习的知识分享平台②。推特(Twitter)是Web2.0时代网络技术发展的一种创造性产物,用户的想法可以快捷、迅速、广泛地进行传播,满足了快节奏生活下人们利用碎片化时间了解信息的需求③。国内的微博和微信也都构建了一个个信息传播和分享的平台,通过实时短文本信息发布、推文、朋友圈转发、看一看等功能,实现知识的传递与分享④。

4.3.2 基本特点

该模式一般都有专门社交媒体企业来运营,而它们也多为互联网企

---

① 蒋云平.面向iPad的移动学习系统研究与实现[D].武汉:华中师范大学,2012:16-18.

② 苗小勇,陈仕品.国外Facebook在教育中的应用研究[J].电化教育研究,2012,33(5):110-115.

③ 潘亚楠.微博客Twitter探析[J].东南传播,2009(12):117-119.

④ 张晨逸,孙建伶,丁铁群,等.基于MB-LDA模型的微博主题挖掘[J].计算机研究与发展,2011,48(10):1795-1802.

业。其知识组织行为为用户生产内容(User-generated Content,UGC),以互联网社交媒体平台为依托,用户(网友)通过自己所掌握的信息发布和传输平台,将自身生产的信息进行分享,具有非职业化、低门槛、质量参差不齐等特点,尤其是在目前移动互联网的背景下,手机用户是其主要受众。目前,其主要营利方式是广告收入和赞赏收入;社交媒体知识分享的主要领域为休闲娱乐方面;其知识资源形式包括文章、图片、音乐、视频等,并依托于用户的社交、社群关系进行发展,所以传播效率非常高,是目前我们生活中最为重要的知识分享方式。

4.3.3 大数据应用

该模式可以说本身就是大数据环境的产物,通过各种社交媒体平台,用户可以在任何时间、任何地点发布信息;同时,大数据也将用户的行为痕迹进行详细记录,为社交媒体的运营提供重要参考。如微信为公众号运营者提供了全方位的用户监测数据,包括地域、年龄、活跃情况等,从而更加精准地描绘其受众的人群画像,为运营者采取相应的策略决策提供依据。此外运营者还可以借助相关页面的访问量、转化率、调试率、黏度等数据来判断页面是否具有价值,从而进一步精准确定发送的内容和时间点,满足用户更加个性化的需求。新浪微博提供微数据、微报告、微指数等内容,用户可以根据自己的需要进行查看了解,其提供的报告如《2018 智能手机微报告》《2018 微博彩妆行业白皮书》等,都供用户免费下载,使其掌握最新的数据动态。

4.4 开放式知识众编模式

4.4.1 国内外典型代表

该模式是由普通大众一起通过网络对知识资源进行编辑加工,然后共同分享的形式,可以说是大数据环境下数字出版的一次新探索,其主要应用是问答类社区。比如国外比较知名的 Quora①,它为用户提供提问、回答的平台,把存储在人的脑海里的经验、技术和方法等隐性知识显性化,借助社交网络(Social Network Service,SNS)实现了知识与人的对接,Quora 还具有关注和订阅功能,问题相关人员之间可以结为好友,从而促进用户之间的互动。国内比较有代表性的问答社区是知乎②,知乎同样是建立在知识共享基础之上,建设关系社区,用户根据自己的需求进行检索或提问,其他用户凭借其自有的想法和经验给出原创的回答,同时也会邀请一些行业专家回答相关问题。

4.4.2 基本特点

该模式的运营者一般也都是互联网企业,其主要内容是网友在问答平台上发布的原创的数字资源,属于典型的 UGC(用户生产内容)模式。该模式的营利方向目前还不太明朗,广告收入、付费问答等方式目前都还处于探索阶段。而通过提出问题挖掘出答案的"隐性知识",以及经过大众不断丰富完善的"零散知识",如何过渡到真正意义上的编辑出版,包括这其中存在的版权归属问题,都是该模式需要探索和思考的地方。

4.4.3 大数据应用

原生于大数据环境中的开放式知识众编模式,天然承袭了大数据时代传播速度快、数据种类多、容量大等特点,而且问题与回答多来自用户自己,具有原创性、个性化的特点。如知乎的"想法"模块,会根据用户画像的结果给不同用户提供有针对性的推送话题;在"知乎专栏"里,用户可

① 沈波,赖园园. 网络问答社区"Quora"与"知乎"的比较分析[J]. 管理学刊,2016,29(5):43-50.

② 宁菁菁. 基于"弱关系理论"的知识问答社区知识传播研究——以知乎网为例[J]. 新闻知识,2014(2):98-99,50.

以选择自己感兴趣的主题或领域进行搜索或提问①;知乎推出的“Live 讲座”是实时语音问答产品,使用户便捷且高效的获取自己所需信息并与他人交流。而 Quora 则是用大数据和机器学习的方法给答案进行排序,通过相关性和假制度的算法,将系统认为最有价值的答案排在前面②。

4.5 知识付费订阅模式

4.5.1 国内外典型代表

该模式是将知识商业化,用户通过付费订阅专门的课程、专栏等来获取知识。如美国的 Skillshare 是一个广受欢迎的网络学习社区,具有某方面专业技能的人借助这个平台开设课程,感兴趣的用户可以付费订阅。Skillshare 鼓励每个人挖掘自身价值,并基于此建立了氛围友好的学习社区。在国内,逻辑思维推出的知识付费平台“得到”,提供“每天听本书”和“精品课”等付费订阅服务,其产品质量高、体系化。知乎推出的知乎 Live 引入了直播的形式,用户对自己感兴趣的内容进行付费,就可以收听或观看 Live,强调即时互动的知识产品也加速了知识流通的效率。另一个专注于音频分享的平台“喜马拉雅 FM”从培养用户的兴趣角度推出知识付费服务,内容更加多样繁杂,其精品栏目提供更加优质的内容③。

4.5.2 基本特点

该模式的运营主体一般都来自于教育类企业,它们本身就拥有丰富

---

① 宋学峰,赵蔚,高琳,等. 社交问答网站知识共享的内容及社会网络分析——以知乎社区“在线教育”话题为例[J]. 现代教育技术,2014,24(6):70 - 77.

② CSERNAI K. A machine learning approach to ranking answers on Quora [EB/OL]. [2018 - 06 - 18]. https://engineering. quora. com/A-Machine-Learning-Approach-to-Ranking-Answers-on-Quora.

③ 杨舒怡. 国内外知识付费平台的对比分析[J]. 情报探索,2019(6):83 - 89.

的师资和内容资源，因此其内容以专业化生产内容（Professionally-generated Content，PGC）为主，UGC（用户生产内容）为辅，主要是各行业专家录制的音视频，用户通过“听”“看”的方式来获取知识，充分利用碎片化时间，达到“随时随地，学我想学”的效果。该模式目前的主要营利模式还是通过用户付费来实现，同时也会辅以一定的广告收入。

4.5.3 大数据应用

知识付费订阅模式可以说是传统教育与互联网结合的产物，将简单的线下面对面教育扩充为线上自由时间学习，由一对多的教育变为了多对一，甚至多对多。可以说该模式是利用互联网技术颠覆传统的教育模式，形成一种更为便捷、更加个性化的教学和学习方式。用户群体扩大，不分年龄、性别，只要你想学，只要你愿意学，就可以自主地获取与工作职业或者自己感兴趣方面的实用技能。因此该模式运用了大量的大数据技术，如喜马拉雅 FM 专门成立了算法团队，通过记录用户的收听情况以及用户选择的感兴趣内容，分析其喜好，从而建立兴趣图谱，更好地为用户提供服务，让其更加便捷地获取所需信息①。

① 钱皓. 看喜马拉雅 FM 如何利用大数据改变“耳朵经济”[EB/OL].[2018-06-18]. http://www.cbdio.com/BigData/2016-03/16/content_4688229.htm.

5 基于大数据的数字出版知识服务模式

前面几章介绍了大数据、数字出版和知识服务相关理论，分析了大数据对数字出版知识服务的影响，并从供需角度研究数字出版用户知识服务需求和现有数字出版知识服务主要模式，可以得知，大数据环境下现有数字出版知识服务并不能完全满足用户的个性化需求，虽然也有一些数字出版机构在利用大数据开展知识服务，但都是一些零星的尝试，并不系统。

本书立足于大数据环境，构建以用户知识需求挖掘为导向，以海量和多结构数字出版资源深层开发为基础，以大数据技术为依托的数字出版知识服务模式，以大数据为纽带对数字出版的知识服务流程进行再造，打造从用户知识需求挖掘到数字资源重组再到个性化知识服务的全流程数字出版知识服务解决方案。基于大数据的数字出版知识服务模式如图5－1所示。

基于大数据的数字出版知识服务模式主要包括三个方面：

(1)基于大数据预测的用户知识需求挖掘。用户知识需求是数字出版知识服务的出发点，通过用户大数据搜集，开展用户画像，对用户知识需求进行分析，掌握客户的真实知识需求。

(2)基于大数据治理的数字出版资源重组。将多种介质和多结构的数字出版资源进行开发和治理，通过“碎片化”“数据化”加工成网络化的“知识单元”，借助大数据挖掘和知识发现实现资源的聚合、知识的关联，运用知识检索和可视化技术为用户提供多介质、立体化、动态化的知识服务。

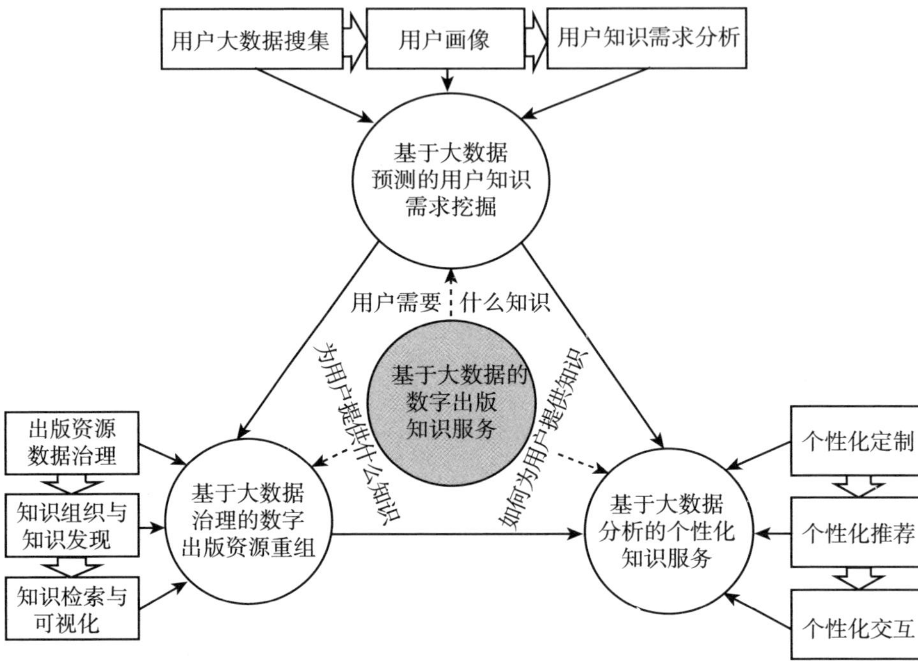

图 5－1　基于大数据的数字出版知识服务模式

(3)基于大数据分析的个性化知识服务。利用大数据技术实现数字出版的个性化知识服务,重点包括个性化定制、个性化推荐以及个性化交互,让用户个性化需求得到充分满足,参与感、互动感得到增强,大幅度提升用户的阅读和使用体验。

通俗地讲,"基于大数据预测的用户知识需求挖掘"解决"用户需要什么知识"的问题,"基于大数据治理的数字出版资源重组"解决"为用户提供什么知识"的问题,"基于大数据分析的个性化知识服务"解决"如何为用户提供知识"的问题。

5.1 基于大数据预测的用户知识需求挖掘

随着市场环境和用户需求的改变,数字出版企业的经营理念正在从传统的"以产品为中心"向"以用户为中心"发生转变。用户的显性知识需求是直接表达的,容易获得,但用户的隐性知识需求以及兴趣、心理、情感等则不容易直接获得,需要通过大数据预测的方法和技术对海量用户数据进行深入分析和挖掘,开展用户画像,以准确预测和把握用户的真实知识需求。

5.1.1 用户大数据搜集

用户大数据是用户知识需求挖掘和预测的基础。数字出版机构可以借助网站、论坛、APP、微信公众号、微博等多种途径获得大量与用户相关的真实数据,不仅可以在同一个数据源中获取多方面、多角度的用户信息,还可以通过不同的数据源抓取同一用户的关联数据,从而生成可用于用户画像和用户知识需求预测的数据仓库。用户大数据的构成如图 5-2 所示。

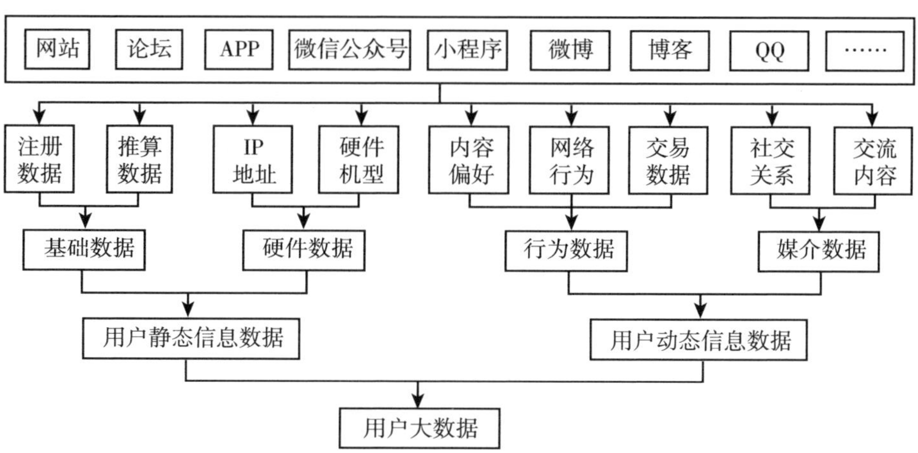

图 5-2 用户大数据的构成

用户大数据由用户静态信息数据和用户动态信息数据这两类数据构成,其中用户静态信息数据主要包括基础数据和硬件数据,用户动态信息数据主要包括行为数据和媒介数据。以下对这四类数据分别进行介绍:

(1)基础数据

基础数据主要来源于用户在网站、APP、社交媒体等进行注册时所填的个人信息,以及利用算法和分析工具推算出的数据。个人信息一般包括性别、年龄、学历、婚姻、职业、收入、地域、民族等统计学意义上的数据。如果有用户未填写某项个人信息,可以建立模型进行推算,比如根据用户的行为特征来判断其性别和年龄等。基础数据通常为用户大数据分析提供重要维度,如不同职业、不同性别、不同年龄的用户具有对特定知识的偏好。

(2)硬件数据

用户的数字出版知识获取都要通过电脑、手机等硬件来实现,这就会产生一些硬件数据,比如 IP 地址、硬件机型等。硬件数据一样具有重要的分析价值,比如:通过用户的 IP 地址迁移来判断用户的日常生活轨迹和场所,为情境嵌入式的知识服务提供参考;通过用户的硬件机型以及换机频率判断用户的消费水平和求新需求,为歧异化的知识服务提供分析依据。

(3)行为数据

用户行为数据的产生来自数字出版运营平台,主要包括三类数据:一是内容偏好数据,包括用户在数字出版平台上的检索、点击、浏览、试阅读、在线评论、在线咨询、内容收藏等;二是网络行为数据,包括用户的浏览路径、浏览次数、页面停留时间等;三是交易数据,包括用户的购买内容、购买数量、消费金额、消费频率等。对行为数据的分析有助于数字出版机构更深入地了解用户的知识需求和消费意愿,并制定相应的知识内容生产和知识服务的方案。行为数据是动态的,它不断从数字出版平台中生成,对其进行分析和应用又能持续作用于平台的运营。

(4)媒介数据

媒介数据是用户在使用微信、微博、QQ 等社交媒体过程中产生的数据。社交媒体的广泛使用为数字出版机构与用户的交流互动提供了极大的便利,也为获得用户数据提供了重要来源。社交媒体用户具有网络化、社会化的特点,用户社交关系众多,用户之间相关性强,数字出版机构可以通过用户在社交媒体中的兴趣相似好友来挖掘用户的隐性知识需求。社交媒体用户之间会进行广泛的交流,包括评价、讨论、分享、赞赏等,这些交流内容一般都带有用户的丰富情感,具有很强的分析价值。

5.1.2 用户画像

大数据的发展为数字出版知识服务用户画像提供了数据资源和技术支持。数字出版机构对用户大数据进行深入挖掘,建立用户标签,识别与分析不同类型的用户群体,精准定位用户的个性偏好,构造"用户画像",可以更好地挖掘和预测用户的知识需求。

(1)用户画像的概念

"用户画像"的概念最早由软件发明家 Cooper 提出,他在 1999 年出版的《软件创新之路——冲破高技术营造的牢笼》(*The Inmates Are Running the Asylum*：*Why High Tech Products Drive Us Crazy and How to Restore the Sanity*)一书中以 Persona 代替 User,Persona 即用户画像,是"目标用户的具体表示"①,是用户建模和模拟用户的技巧②。早期的用户画像构建方法主要通过调研问卷、电话访谈、焦点小组等手段了解用户,根据用户属性差异区分为不同的类型,取出典型特征,形成人物角色。用户画像可以让产品设计者抛开个人喜好,更多地关注目标用户的动机和行为。

随着大数据的发展,可捕捉的用户数据越来越多,用户画像发挥的作用越来越大,也形成了另一种英文表达——User Profile。用户画像 User Profile 与数据挖掘、大数据分析相关,它由多维数据组成,是关于用户非单

---

① COOPER A. The inmates are running the asylum:why high tech products drive us crazy and how to restore the sanity[M]. Indianapolis:Sams Publishing,1999:115 - 135.

② KOBSA A. Genetic user modeling systems[J]. User modeling and user adapted interactive,2001(11):49 - 63.

一特征的、详尽的特征集，体现用户的个性化需求①。大数据环境下的用户画像通过数据建立描绘用户的标签，是一个分析用户大数据并抽象出用户需求偏好的标签化的过程。用户画像的核心工作是给用户贴标签，标签让计算机可以程序化处理与人相关的信息，让用户更容易被计算机通过算法、模型来理解乃至预测其需求。

（2）用户画像的标签体系

标签和用户画像之间是“局部”和“整体”的关系，标签作为“局部”，通过“标签体系”来反映用户画像这个“整体”。用户画像的标签体系分为结构化和非结构化两种。结构化的标签体系一般由商品分类、人口属性等基本信息构成，标签之间存在层级关系，如亚马逊构建的图书分类标签（见图 5－3）。

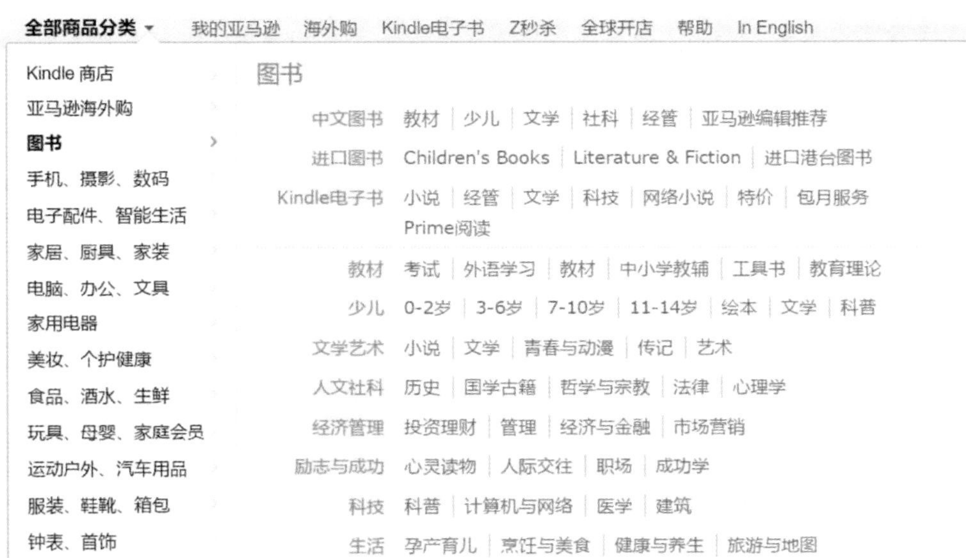

图 5－3　亚马逊的图书分类标签体系

资料来源：https://www.amazon.cn/。

---

① 陈冬玲，王大玲，于戈. 支持个性化检索的 User Profile 研究概述[J]. 小型微型计算机系统，2008（10）：1903－1907.

非结构化标签体系中的各个标签之间没有层级关系，每个标签反映各自的用户兴趣，如目录搜索中的关键词或者某些知识主题等。中国知网的大数据研究平台根据数万篇文献自动生成的“学科学术热点”主题和知识点属于非结构化标签体系（见图5－4）。

图5－4　中国知网的“学科学术热点”标签体系

资料来源：http://www.cnki.net/。

（3）数字出版知识服务用户画像标签体系

标签数据可以分为事实标签、模型标签、预测标签这几种类型。根据用户标签的形式化表示方法，我们构建了数字出版知识服务用户画像标签体系概念模型（见图5－5）。

本书构建的“数字出版知识服务用户画像标签体系概念模型”收集了用户的基础数据、硬件数据、行为数据、媒介数据等多维度的数据，在此基础上构建数字出版知识服务的标签体系。事实标签是基于原始数据构建出来的，是直接从原始数据中获取或在简单的统计分析后得到的既定事实，如年龄、职业、硬件机型、购买内容等。事实标签构建难度不大，含义明确，可用作模型标签和预测标签挖掘的基础特征。模型标签是标签体系的核心，模型标签没有对应的数据，通过定义规则、模型分析后得到，如人口属性、消费水平、行业兴趣等。预测标签是基于事实标签和模型标签进行统计建模得出的，可以预测用户的消费周期、知识需求等行为或偏好。

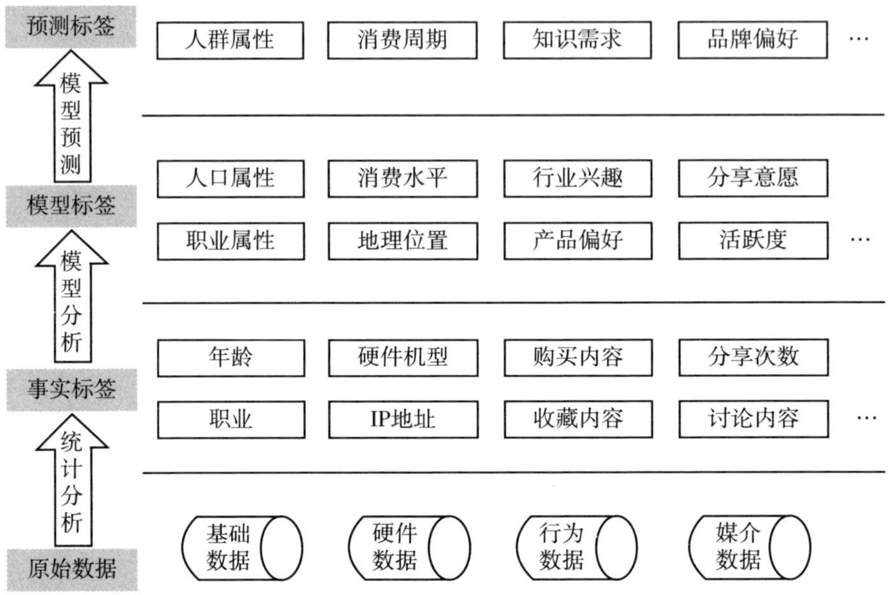

图 5－5　数字出版知识服务用户画像标签体系概念模型

5.1.3　用户知识需求分析

构建“用户画像”标签体系的目的就是为了用数据标签来全面、准确地描述用户，利用大数据分析技术提取和预测用户的动机、偏好、需求。

市场经济环境下，数字出版企业不仅要面对数字出版产品本身的价值，更要重视用户知识需求的问题。如果数字出版产品不能满足用户的知识需求，无法得到客户的认可，则不可能形成实质意义上的销售，也就无法形成经济价值。因此，高度重视用户知识需求，将用户知识需求作为出版行为的重要决策依据，是数字出版企业的首要任务。

数字出版企业利用传统技术条件获取用户数据难度很大，只能从用户留下的简单信息中提取一些基础的数据，如年龄、性别、婚姻、职业等客观信息，这些信息难以支撑有效的用户需求研究活动，难以准确判断用户的真实知识需求和特定需求时期,以及用户对产品的认知、评价和偏好。而大数据的广泛应用有效地打通数字出版企业获取用户数据的渠道,“用户画像”标签体系将用户大数据进行深入挖掘和利用,增加了数字出版企业准确预测用户知识需求的可能性。

海量的用户大数据组成了“用户画像”,将模糊的用户形象清晰化,再现了用户的全貌,这也是数字出版企业挖掘用户知识需求、提供知识服务的基础。舍恩伯格提出大数据分析应该遵循三大基本理念:要全体不要抽样,要效率不要绝对精确,要相关不要因果,他认为大数据的简单算法比小数据的复杂算法更有效①。如何让大量不相关的数据形成相关关系,从海量数据中提取出过往不被知道的有用信息和知识,这就需要进行大数据挖掘②。

用户知识需求分析常用的大数据挖掘方法包括:聚类分析、关联规则、协同过滤等。

(1)聚类分析(cluster analysis)

聚类分析主要用于用户群体分类、消费趋势预测等。聚类分析能够将庞大的数据进行分类处理,提取出有价值的信息。聚类是一种无预期、无监督的分析过程,通过对本身难以有效理解的数据进行集合和分组,将类似的事物组成新的集合,使其以一种形象化的状态呈现出来。借助聚类分析,可以将那些未划分类别的数据按照一定的规则分类成为一个个集合,相同集合内的数据之间最大限度地相似,都符合一定逻辑规则,而不同集合之间的数据则最大限度地不同。划分规则不同,分类结果也会呈现出很大的差异性。

聚类方法包括 K 均值(K-Means)聚类、均值漂移聚类、基于密度的聚类(DBSCAN)、基于网格的聚类(STING)、凝聚层次聚类、图团体检测

---

① 舍恩伯格,库克耶.大数据时代[M].杭州:浙江人民出版社,2013:27-94.

② 杨良斌.数据挖掘领域研究现状与趋势的可视化分析[J].图书情报工作,2015(S2):142-147.

(graph community detection)等。其中最经典的方法就是K均值聚类,K均值需要事先确定一个K值和K个初始聚类中心点,将聚类对象划分成为K个聚类,中心点定义为聚类中对象的平均值。将每个数据分到离其最近的聚类中心点所代表的聚类中,所有点被划分后,重新计算每个聚类的平均值,然后再迭代地进行以上步骤,直至每个聚类不再发生变化,或达到预定的迭代次数。

在数字出版用户知识需求挖掘方面,可以对用户画像中相似标签群进行聚类,并抓取信息的语义链条,挖掘出用户的知识需求,采用标签云的展示方式,实现个性化、精准化的知识推送①。

(2)关联规则(association rules)

关联规则挖掘算法主要用来挖掘隐藏在数据之间可能存在的关联或者联系,根据一个数据项的存在来推导另一个数据项也可能出现。关联规则最初用于购物篮分析(market basket analysis),商家通过研究顾客购物篮里的商品之间的关联,从而分析顾客的购买行为,如购买A商品的顾客也会购买B商品的概率,并根据分析结果确定哪些商品应该排放在一起或组合进行促销,最经典的案例莫过于广为人知的"啤酒和尿布"。目前,关联规则挖掘算法已经广泛用于预测用户的需求。

关联规则挖掘中的最具代表性的算法是Apriori算法,FP-Tree、GSP、CBA等很多算法都是基于Apriori算法而产生的。该算法首先对交易数据库进行扫描,产生不低于用户预定义的最小支持度的项集:1-频繁集,然后合并频繁集,产生2-频繁集,如此迭代下去,直到无法产生更高阶的频繁集为止。

在数字出版用户知识需求挖掘方面,可以根据用户关注或购买的商品来推测用户也可能会感兴趣的其他商品。如用户在当当网浏览《面向知识服务的知识库结构理论与方法》这本图书时,该网页会提供该书与

---

① 周朴雄,陈涛.虚拟社区中基于相似标签聚类的语义信息推荐[J].情报理论与实践,2013,36(10):100-104.

《面向知识服务的知识组织理论与方法》和《图书馆学是什么》作为“经常一起购买的商品”套餐推荐，此外还会进行相关图书推荐，如“浏览此商品的顾客也同时浏览”《精通 OracleSQL（第 2 版）》《VisualFoxpro 程序设计实训教程》以及“购买此商品的顾客还购买过”《表哥的 Access 入门：以 Excel 视角快速学习数据库知识》《PostgreSQL 实战》等（见图 5－6）。

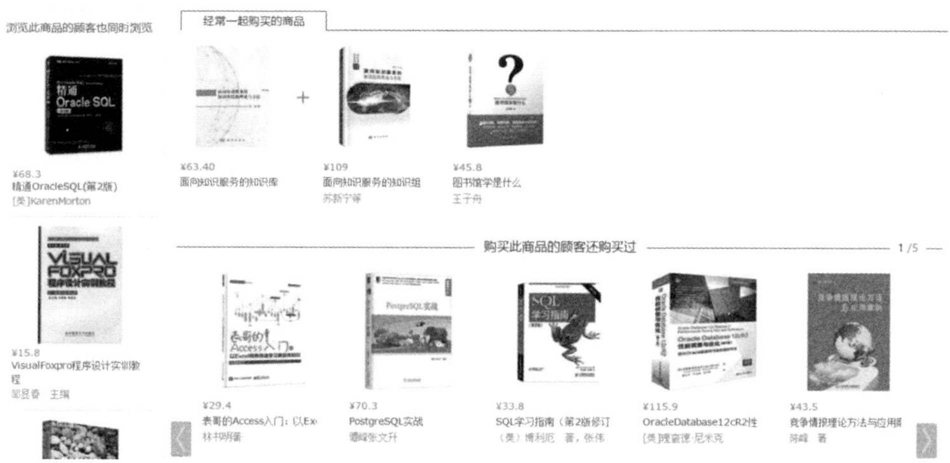

图 5－6　当当网利用关联规则进行图书推荐

资料来源：http://book. dangdang. com/。

（3）协同过滤（collaborative filtering）

关联规则直接从数据中挖掘潜在的关联，与个人的偏好无关，忽略了个性化的场景。而协同过滤先协同，找到相似的人或物，再过滤，使用户注重个性化的场景，其中“协同”是群体行为，“过滤”则是针对个人的行为。

对应“人以群分，物以类聚”，协同过滤分为“基于用户的协同过滤”和“基于商品的协同过滤”两大类。“基于用户的协同过滤”是将指定用户与兴趣相似的其他用户归类在一个群体中，综合该群体对某一信息或产品的评分以及群体中每个用户与该用户的相似性，预测该用户对此信息或产品的喜好程度。如从历史信息中发现 A 用户和 B 用户的兴趣相似，而 A 用户喜欢某商品，可以预测 B 用户也可能会喜欢该商品。“基于商品的协同过滤”则是根据所有用户的历史偏好数据量化商品之间的相似性,结合某用户对已购商品的历史评分而加权,从而对未购买的商品评分进行预测。如历史信息显示喜欢 A 商品的都喜欢 B 商品,则 A 商品和 B 商品相似,而用户喜欢 A 商品,那么他也可能喜欢 B 商品。

面对海量的数据和产品,如何快速有效地预测用户的需求并进行推荐,亚马逊个性化部门创始人 Linden 等开发了“商品到商品的协同过滤”(item-to-item collaborative filtering),其关键在于它离线建立耗时巨大的相似商品列表,在线计算只需要针对当前用户的购买和评价来寻找相似商品,因此在大数据环境下也能进行快速计算,并推荐高度关联的相似商品。亚马逊利用“商品到商品的协同过滤”为每个用户提供了个性化的在线商店,如向一个软件工程师展示编程类的图书,向一个新妈妈展示婴儿玩具①。

5.2 基于大数据治理的数字出版资源重组

数字出版机构通过收集用户大数据,绘制用户画像,利用大数据挖掘技术手段预测用户知识需求,就可以针对用户需求提供合适的知识产品与服务。但目前很多数字出版机构所提供的单一的、整篇的文献,难以满足用户海量的、碎片化的需求,必须对数字出版资源进行重组与深度开发。

5.2.1 出版资源数据治理

出版业是个天生的大数据生产者,出版本身就是在创造、生产和传递数据。如今,各行各业的数据容量、速度、种类都在飞速增长。毫无疑问,

① LINDEN G, SMITH B, YORK J. Amazon. com recommendations: item-to-item collaborative filtering[J]. IEEE Internet computing,2003,7(1):76-80.

出版行业也将加入且必须加入大数据的行列中①。历史上形成的海量的出版物资源奠定了坚实的资源基础②,而大数据技术将使出版业所积累的数据变成比黄金、石油还要重要的资源,它使出版业再度辉煌③。对出版资源的数据治理是发挥其价值的重要基础。

(1)从“数字化”到“数据化”

目前的数字出版很多时候只是完成了内容的“数字化”,还没有做到真正意义上的“数据化”。“数字化”指的是把模拟信号转化为0和1的二进制代码,而“数据化”则是指“把现象转化为可制表分析的量化形式的过程”④。只有经过数据清洗和结构化处理的数据才能用于提取量化特征和进行统计分析,才能发挥出更大的价值。

中国知网开发的“中国年鉴网络出版总库”已经开始了从“数字化”到“数据化”的尝试。“中国年鉴网络出版总库”不仅对各种统计年鉴进行了数字化,还进行了整合出版,形成了“中国经济社会大数据研究平台”。对于年鉴全部内容或单篇内容以及单个条目,用户可以用PDF阅读器或中国知网自己开发的CAJ阅读器下载阅读。而针对年鉴中的大量统计数据,“中国经济社会大数据研究平台”同时提供Excel格式供用户下载分析使用,从而更大地发挥统计数据的利用价值。如用户需要使用《中国企业年鉴》中的“中国企业按研发费用排序前100名企业”这条信息,可以用CAJ、PDF以及Excel等多种格式进行文件下载(见图5-7)。

---

① 弗雷茨,柏雯,曹子郁,等.大数据出版[J].出版科学,2017,25(1):5-17.

② 许晶晶.“大数据出版”对图书馆知识服务的机遇与挑战[J].出版发行研究,2015(7):97-100.

③ 柳斌杰.知识革命与大数据出版[N].中国新闻出版广电报,2019-06-03(3).

④ 舍恩伯格,库克耶.大数据时代[M].杭州:浙江人民出版社,2013:104.

图 5－7　中国知网“中国经济社会大数据研究平台”提供的数据下载

资料来源：http://data.cnki.net/。

数据化是数字出版知识服务和精准营销的前提①。实现了“数据化”之后，原本作为“信息孤岛”存在的数字出版内容就彼此连接起来形成知识网络，成为可被深入分析利用的数据库。例如谷歌曾推出数字图书馆计划，将纸质书籍通过技术手段数字化，再借助智能文字识别将书籍内容转化为可供机器检索和分析的数据②。

（2）从文献单元到知识单元

传统的出版机构将图书、期刊、电子书等文献视为核心价值，却没有把文献作为数据来打造自己的核心竞争力。在大数据环境下，出版业除了继续为用户提供文献，还应提供大数据知识服务③。这就要求出版行业对出版资源进行治理，实现从文献单元到知识单元的转化。

---

① 王沛．出版内容的数字化向数据化转型［J］．智库时代，2019（16）：231，236．

② 舍恩伯格，库克耶．大数据时代［M］．杭州：浙江人民出版社，2013：109－111．

③ 张振宇，周莉．“大数据出版”的理念、方法及发展路径［J］．出版发行研究，2015（1）：14－17．

我国著名情报学家马费成认为，知识信息的表达和组织从文献单元向知识单元或情报单元转换是情报学取得突破的关键问题①，由此可见从文献单元向知识单元转化的重要性和必要性。

知识单元是指具有独立意义的知识单位，它可能以文献或文献中的一部分形式存在，也可能是一个知识点②。例如学术期刊，读者可以阅读“一期”也可以阅读“一篇”，在经过数据化处理后，读者还是直接阅读和利用更小粒度的知识单元③，从而突破了文献单元的局限性。

对于文献的知识单元加工，首先需要进行分类，一般分为事实、理论、规划、规则和方法等层次。其次要将文献进行碎片化处理，按照文献的结构，将篇、章、节、段落、句子、词语等整理成机器可以识别的内容，并采用可扩展标记语言 XML 进行结构化处理。此外，还需要对具有不同表达方式的同一个人、机构、事件等进行统一的规范标识，从而将他们之间的关系准确建立起来。经过加工处理后的知识单元就可以通过“知网节”等知识链接工具和其他知识单元乃至文献、数据库发生关联，形成知识网络④。

5.2.2　知识组织与知识发现

出版资源经过从“数字化”到“数据化”和从文献单元到知识单元的数据治理后，还需要进行知识组织以形成知识网络，借助大数据挖掘技术进行知识发现，以满足用户的知识需求。

(1)知识组织

知识组织旨在将知识资源规范化、有序化和优化后按需求提供给用户⑤，

---

①　马费成. 情报学的进展与深化[J]. 情报学报，1996(5)：22－28.

②　文庭孝，罗贤春，刘晓英，等. 知识单元研究述评[J]. 中国图书馆学报，2011(5)：75－86.

③　赵文义. 学术期刊大数据出版研究[J]. 出版发行研究，2016(3)：50－52.

④　张丽华. 知网节与知识网络[J]. 现代图书情报技术，2006(9)：85－88.

⑤　滕广青，田依林，董立丽，等. 知识组织体系的解构与重构[J]. 情报理论与实践，2011，34(9)：15－18.

从而达到知识与需求之间的匹配,实现高质量的知识服务。

大数据环境下数字出版用户知识服务需求对知识组织的要求更高,满足用户知识需求涉及的数据量大、形式多样、结构复杂、时效性强,以传统的先组式知识组织方式难以满足用户的需求①。这就需要以用户需求为导向对知识单元进行组织,以知识关联为纽带,形成面向用户需求的知识网络,如图 5-8 所示。

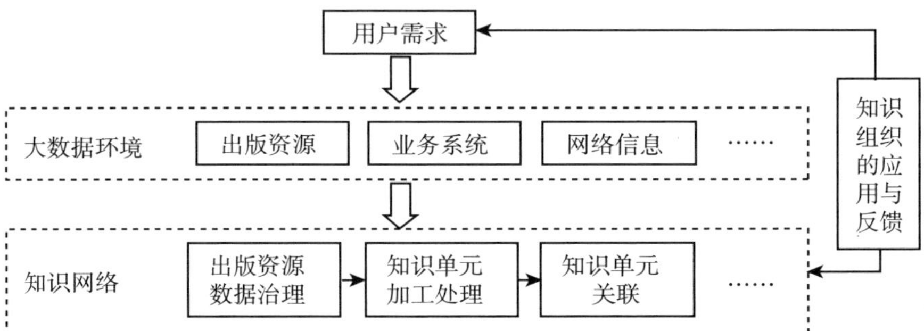

图 5-8　以用户需求为导向的知识组织模式

纳米出版物(nanopublication)为数字出版资源的语义组织和出版提供了发展机遇。大数据环境下,用户在面对海量的数字出版资源时,需要快速了解这些文献的内容,快速发现数据间的知识关联,纳米出版物就是面向大规模数据处理而提出的②。纳米出版物是语义出版的新模式,通过语义标注将文献内容转化为可发布的知识单元,使数字出版资源由文献层次深化到细粒度层次,并让机器可以识别,实现细粒度知识资源的自动整合、链接和互操作③。

大数据环境下,数字出版知识服务的知识组织体系需要打破传统的

---

① 徐绪堪,房道伟,蒋亚东. 基于知识单元的知识组织过程研究[J]. 情报理论与实践,2014,37(10):50-53.

② 吴思竹,李峰,张智雄. 知识资源的语义表示和出版模式研究——以 Nanopublication 为例[J]. 中国图书馆学报,2013(4):102-109.

③ 廖建军. 基于 Nanopublication 的知识服务架构解析[J]. 图书情报工作,2017(17):131-138.

界限,开放集成不同分布、不同结构的数字出版资源,构建“开放的知识组织体系互操作机制”,实现以下功能:对数字出版资源的语义进行有效组织和描述,从多层次、多角度开发动态的数据;对数据进行筛选、分析、整理并实现不同应用系统间的传递、转化及复用;对数据实行跨库链接、整合,支持用户将所需数据转移到用户的信息系统里;实现多语言、多检索词、多限制条件的组合型检索,尽量满足不同用户的不同需求①。

(2)大数据挖掘与知识发现

随着信息技术的发展和用户信息分析能力的提升,用户的数字出版知识服务需求也发生了改变。以往用户对信息以检索利用为主,现在深化到对信息进行挖掘、计算、分析和知识发现;以往只有专业的信息分析人员开展数据挖掘和知识发现,现在普通大众都可以根据自己的需要利用开放的信息平台和工具进行知识的挖掘、发现和再创造②。

为了获取用户所需要的知识,数字出版知识服务通过对出版资源的大数据挖掘来进行知识发现。大数据挖掘是指在海量数据中发现潜在规律以形成知识③。

数字出版知识服务中的大数据挖掘主要在于不同主题数据库之间形成相关关系分析④。例如,龚启圣将历史文献中的战争冲突和天气变化的数据进行收集后开展联动分析,发现干旱的时候游牧民族更有可能侵扰中原。他还从《明实录》里收集倭患数据,结合地理信息系统,分析出明朝的海禁带来了严重的倭患,尤其对沿海地区的丝织业中心造成了更严重的侵扰⑤。

---

① 郭亚军,赵路路,赵静.大数据环境下企业技术创新知识管理模式研究[J].现代情报,2016,36(7):13-17.

② 张晓林.走向数据驱动和计算分析支撑的知识发现[J].数据分析与知识发现,2017,1(1):1-2.

③ 谭磊.New Internet:大数据挖掘[M].北京:电子工业出版社,2013:5-11.

④ 张振宇,周莉.“大数据出版”的理念、方法及发展路径[J].出版发行研究,2015(1):14-17.

⑤ 龚启圣.用大数据研究中国经济史[N].第一财经日报,2016-12-08(A11).

5.2.3 知识检索与可视化

知识组织是知识检索与可视化的基础,数字出版机构通过对知识单元的有效链接和组织后形成知识网络,用户就可以自己开展知识检索和可视化的操作。如第3章所述,调查结果显示,数字出版用户关于知识服务方式的最大需求是自主查询,41%的用户喜欢自行前往数字出版资源库中查询。数字出版机构需要做的是,做好知识组织等基础工作,为用户的知识检索和可视化赋能。

(1)知识检索

传统的数字出版资源检索主要是基于关键词的信息检索,但反馈给用户的信息中包含了大量无用信息,用户需要对海量的反馈信息逐一进行分析、识别、挑选,才能获得自己真正想要的信息。因此,数字出版知识服务需要实现从信息检索向知识检索的转变①。

知识检索是基于知识组织和知识网络,模拟人类智能的知识处理与利用行为的一种高级信息检索方式②。知识检索包括基于词表的语义检索、基于本体的语义检索、基于互操作的一站式检索、基于自组织映射神经网络(SOM)的个性化网页检索等类型③。

大数据环境下,数字出版机构的角色需要从内容提供者向知识检索服务者进行转变。Elsevier、Springer等国外出版机构对于检索服务非常重视,检索界面设计人性化,检索机制遵循用户的检索习惯,检索功能不断探索创新,检索结果简单明了,受到用户的喜爱④。中国新闻出版研究院

---

① 王红梅.基于知识创新的大数据资源管理系统研究[J].管理观察,2018(26):98-99.

② 张玉峰,李敏,晏创业.论知识检索和信息检索[J].中国图书馆学报,2003(5):23-26.

③ 李育嫦.基于知识组织系统的网络知识服务研究[J].兰台世界,2019(11):103-106.

④ 胡誉耀.基于知识检索机制的网络出版模式[J].情报理论与实践,2009,32(11):71-74.

对我国知识资源服务试点单位的调查结果也显示出，各试点单位都已建立了各种类型的数据库，如中国中医药出版社的“悦医家”移动书馆、人民法院出版社的“法信”平台等，基本上都能实现文献检索功能①。中国知网、万方数据等数字出版机构也在知识检索方面进行了大力的探索。

（2）可视化

视觉是人类最主要的信息来源，因此“可视化”一直是备受关注的研究领域。随着大数据的普及，更多的可视化技术被开发和应用。可视化为用户呈现出形象化的知识检索结果，让用户更加全面和深入地理解知识检索结果的结构和内在规律，提供更高质量的知识服务。

知识检索后得到的结果可能会很多，进行人工分析难以满足用户的需求。在很多情况下，需要借助可视化工具来进一步挖掘和呈现知识检索结果。美国施乐公司用户界面研究小组研究员 Card 等提出了信息可视化参考模型②，这是目前公认的、最具代表性的信息可视化模型③。借鉴信息可视化参考模型，构建数字出版知识服务可视化的参考模型，如图5－9所示。

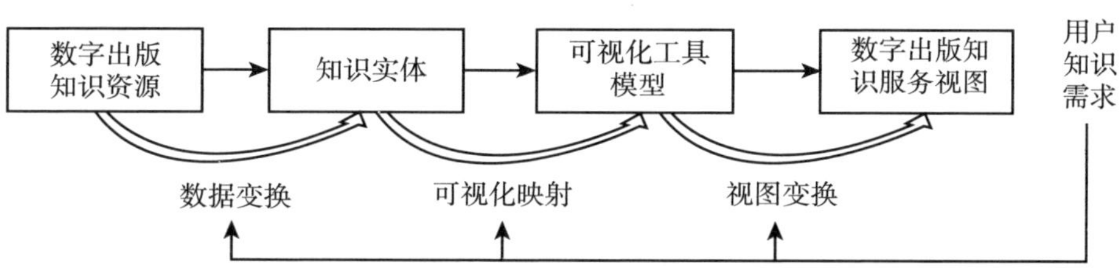

图5－9　数字出版知识服务可视化参考模型

① 介晶，熊秀鑫，谢冰. 国家知识资源服务试点单位应用案例调查［J］. 出版参考，2019(7)：18－23.

② CARD S, MACKINLAY J, SHNEIDERNAN B. Readings in information visualization-using vision to think［C］//Series in interactive technologies, San Francisco: Morgan kaufmann publishers Inc., 1999: 121－134.

③ 崔娜，雷涯邻，安海忠. 面向用户需求的新闻文本集信息可视化模型［J］. 图书情报工作，2011(S2)：273－279.

数字出版知识服务可视化的参考模型主要分为三部分:首先,在分析用户知识需求的基础上,从数字出版知识资源中提取相关的知识实体,将大量文字表达的知识资源用少量的知识实体代替,以便于知识的进一步处理,同时要保证数字出版知识资源不会因此而出现偏差。然后,根据知识资源的种类不同、应用领域的复杂性以及用户的不同需求,选择和匹配相应的可视化工具或模型。最后,运用可视化工具将知识实体显示为直观的、可视化的图形,实现数字出版知识服务的可视化。

5.3 基于大数据分析的个性化知识服务

个性化知识服务是根据用户的知识结构、知识需求以及知识使用行为、习惯和偏好,有的放矢地向用户提供符合其个性化需求的服务,其主要特点是针对性和主动性。大数据技术在数字出版中的应用,让个性化的智能服务成为现实①。基于大数据分析的数字出版个性化知识服务以用户对知识的个性化需求为服务起点,借助大数据等先进技术,提供个性化定制、推荐、交互等服务②。

5.3.1 个性化定制

数字出版用户需求越来越多地呈现个性化的特点③,数字出版机构要改变以往"有什么做什么"的出版思维,关注点从前端的文献内容和知识

① 祝兴平.大数据分析技术及其在数字出版中的应用[J].出版发行研究,2014(4):13-16.

② 孙雨生,于凡,郝丽静,等.国内基于大数据的个性化服务研究进展:核心内容[J].情报杂志,2017,36(10):166-171,187.

③ 郭亚军.基于用户信息需求的数字出版模式[D].北京:中国人民大学,2009:84.

资源转向后端的用户需求，以“要什么做什么”为目标①，合理配置出版资源。本书开展的调查结果显示，数字出版用户对于个性化定制的需求排名靠前，比例达到50%（参见本书第3章）。个性化定制是连接用户和数字出版机构的桥梁②，直接实现了数字出版产品的交易和知识服务。大数据环境下，数字出版知识服务从“大规模复制”向“个性化定制”成为可能，个性化定制选题、个性化定制内容以及个性化嵌入情境等均已有相关实践。

（1）个性化定制选题

借助于大数据分析和预测，数字出版企业能够实时、准确、深入地掌握和分析用户数据。在此基础上，找到目标用户，根据其需求进行选题策划，能够为目标客户快速定制合适的产品和服务，达到及时满足目标用户需求的目的。

2014年，在对京东1700万用户数据进行分析的基础上，京东与新世界出版社共同策划了中国第一部基于大数据进行选题的图书《大卫·贝克汉姆》，这个案例体现出大数据在用户需求预测方面的巨大潜力。选题策划人员针对用户的兴趣和偏好收集数据，分析用户的行为数据，如用户的搜索数据、购买数据、评估数据等，绘制“用户图谱”“专业图谱”“兴趣图谱”，确定潜在用户需求，最后提出一个精确的选题策划来满足用户的需求。通过大数据分析，策划人员发现，在京东购书的用户中，约60%为男性，年龄主要为22—40岁。京东和新世界出版社最终决定以这些男性用户偏好和需求为出发点进行选题策划，《大卫·贝克汉姆》应运而生，出版后迅速登上畅销书排行榜，并赢得了良好的口碑③。

---

① 王豫. 满足个性化学习需求的数字教育出版模式研究[J]. 出版科学，2012，20(2)：83-85.

② 孙玉玲. 大数据时代数字出版产业的发展趋势[J]. 出版发行研究，2013(4)：5-8.

③ 王宁. 数据决胜未来：京东自出版模式对传统出版企业的启示[J]. 出版发行研究，2015(9)：31-34.

(2)个性化定制内容

大数据时代,数字出版机构可以基于满足用户主动提出的需求进行定制出版。用户的需求表达可以在个人的社交平台上或出版机构的网络平台上呈现,数字出版机构借助大数据挖掘获得用户的需求,就可以进行个性化内容定制①。

英国的一家名为 Lost My Name(简称 LMN)公司推出了一部个性化定制内容的儿童图画书《失去名字的小孩》(*The Little Boy or Girl Who Lost Their Name*),该书迅速风靡英国并销往全球。用户在 LMN 官网上预订图书时(见图 5 - 10),输入孩子的名字,比如 Kate,就可以获得一本专为 Kate 定制的图书。故事大致是这样的:主人公一觉醒来,发现自己的名字从卧室门上消失了,于是踏上寻找名字的冒险之旅,他一路上遇到各种人和动物,在他们的帮助下找到了一个个字母,如骑士(Knight)给他一个字母 K,演员(Actor)给他一个 A,老虎(Tiger)给一个 T,大象(Elephant)给一个 E,勇敢的 Kate 最终拼回了自己的名字。

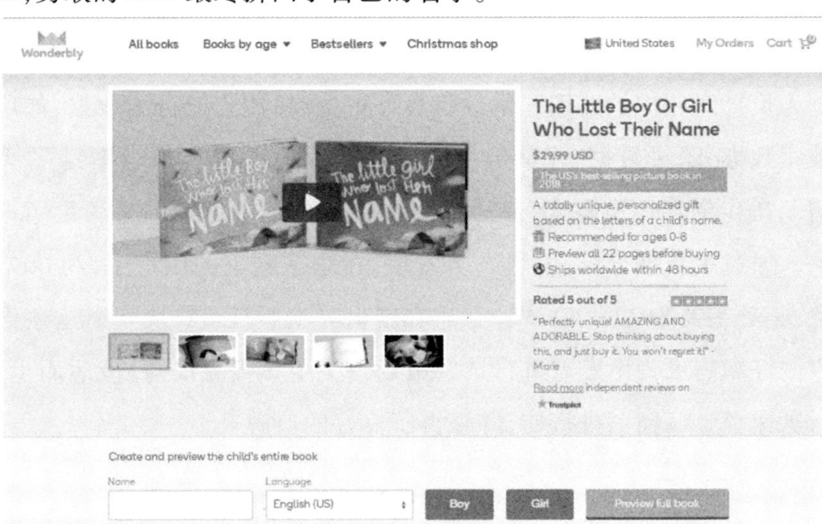

图 5 - 10 LMN 公司官网的图书预订界面

① 庞燕,程艳林. 试论大数据时代数字出版内容生产方式转型[J]. 中国出版,2015(22):31 - 34.

《失去名字的小孩》看似简单的定制内容服务,背后是很强的数据和技术壁垒。LMN 通过人口普查数据发现,英国过去 5 年内有 14 000 多个不同的婴儿名,其中使用最广的 150 个名字覆盖了所有婴儿名的 70% ,这些名字被 LMN 用来作为内容开发的依据,设计出 300 多个迷你故事与角色,在用户输入小孩名字后,系统根据字母排序生成个性化的内容组合①。公司还开发出自动化软件,从帮助顾客创作、预览作品、预订图书到将订单发送到全球各地的印刷厂,完全无人操作,实现了按需出版、零库存运营。

(3)个性化嵌入情境

大数据环境下的数字出版知识服务,需要利用有效的技术手段对用户的应用情境进行嵌入,以深入满足其个性化需求。

CourseSmart 是北美电子教科书提供商,提供 4 万多部电子书,覆盖北美高校使用的核心教科书的 90% ,所有电子书都有在线和离线两种阅读模式,支持任何浏览器及移动设备访问。CourseSmart 提供针对高校应用情境的个性化服务:教师可以远程了解学生使用电子教科书的情况,获得他们全程学习的大数据,如阅读时间、所做的笔记等②。

CourseSmart 个性化嵌入情境的做法,值得数字出版机构借鉴和推广。一旦数字出版知识服务和用户的应用情境相结合,将准确定位用户的真实需求并有效提供知识服务。

5.3.2 个性化推荐

1994 年 Resnick 等提出了一个采用协同过滤的网络新闻系统 Grouplens,帮助人们在大量文章中找到他们喜欢的文章,并将“个性化推荐”作为一个独立的概念提出③。在过去的 20 多年,个性化推荐研究取得

① 贺钰滢,徐丽芳.《失去名字的小孩》掀个性化童书出版浪潮[J]. 出版参考,2016(6):20 - 21.

② 刘果,王铁军. 论数字出版的个性化表达[J]. 编辑之友,2014(3):81 - 84.

③ RESNICK P,LACOVOU N,SUCHAK M,et al. Grouplens:an open architecture for collaborative filtering of netnews[C]//Chaple Hill,NC:Proceedings of CSCW 94,1994:175 - 186.

了较大的发展,尤其是大数据的普及对个性化推荐形成了更大的需求。本书第 3 章的调查结果显示,数字出版用户关于个性化知识服务的最大需求是知识推送,比例达到 54% 。数字出版知识服务领域的大数据精准营销、个性化内容推送、个性化知识推荐都具有很好的应用前景。

(1)大数据精准营销

哪里有客户,哪里就有市场。在大数据时代已经到来的今天,数字出版机构需要通过用户行为信息获取有用数据,借助大数据挖掘定位目标受众,进行用户画像描绘,分析出每个用户的内容需求和兴趣偏好,以达到精准营销的目的。

作为重点收集的基础数据,用户信息一直是重中之重,早前受限于出版行业的传统性,用户信息主要集中在人口统计指标信息,如性别、年龄、学历等,然而在大数据定位和精准营销方式形成的今天,此类静态数据已经很难满足数字出版机构的需求。用户数据的收集更强调获取有关用户消费行为的动态数据,例如,借助 Cookie 技术,可以捕获用户的行为数据,如浏览网页、搜索图书、阅读、购买及评论等行为。通过分析这些数据,可以了解用户的购书频率、周期、意愿、偏好,更准确地掌握用户的消费行为模式,以提供更精准的信息和产品的供给。因此,收集用户大数据成为数字出版机构开展精准营销的前提和基础①。

数字出版机构通过对用户大数据的收集和分析,细分和定位用户群体,针对目标用户群来制定精准营销战略。对于现有用户,充分利用他们的个人基本信息、消费记录和有关他们浏览和关注的信息,分析他们的消费偏好和需求,给予他们及时的个性化的推荐,并跟踪客户的反应和态度②。针对潜在的用户,应该在搜集他们基本信息的基础上,有针对性地对相关图书的关键信息进行推送,以辅助潜在用户做出决策。

---

① 张美娟,孙晓翠,潘涵. 基于数据挖掘的图书精准营销创新[J]. 科技与出版,2015(8):68 - 72.

② 陶楠. 数据挖掘技术在图书精准营销中的应用探析[J]. 出版发行研究,2016(8):46 - 49.

（2）个性化内容推送

数字出版“信息过载”是客观存在的事实，大量无关信息将有用信息淹没，用户需要花费大量时间才能查找到自己需要的知识资源，或者查找到很多资料但是只有很小部分可以被自己利用。因此，数字出版机构提供个性化内容推送很有必要。

大数据用户画像将用户群体划分成具有不同特征的细分人群。在网络上，每个用户都有属于自己的 IP 地址或者 QQ 号、微信号、电子邮箱等第三方账号，根据用户的个性化需求，数字出版机构可以进行个性化内容推送，这样可以避免无关信息对客户的骚扰，产生更好的用户体验。

数字出版机构可以在大数据分析的基础上开展个性化内容推送，比如：根据用户的职业、行业、阅读喜好等专业数据，实现内容的分类按需推送；根据用户的阅读时段、时长、终端、场所等阅读行为数据，选择推送内容的推送时间、篇幅、载体、类别等；根据用户常用支付手段、接受价格区间、优先选择因素等消费数据，选择合适的渠道将合适价位和类型的内容进行推送；根据阅读同好圈内的活跃表现和影响力，选择部分关键人员进行赠阅以实现口碑传播①。

大数据环境下呈现出来的知识获取模式是碎片化的，数字出版机构可以在任何时间、任何地点推送内容，用户也可以随时随地获取和利用这些知识。个性化内容推送服务必将有更大的发展空间。

（3）个性化知识推荐

个性化知识推荐是利用推荐算法，推测用户的兴趣和喜好，从大量知识中找到用户所需的知识②。目前，主流的个性化知识推荐算法有“协同过滤”（collaborative filtering）、“基于内容的推荐”（content-based recommendation）以及“基于知识的推荐”（knowledge-based recommendation）。

---

① 郭锐. 大数据环境下出版企业营销策略研究[D]. 郑州：华北水利水电大学，2018：23－24.

② RICCI F，ROKACH L，SHAPIRA B，et al. Recommender systems handbook [M]. New York：Springer，2011.

“协同过滤”是借鉴“人以群分，物以类聚”的思想，根据某个用户的行为以及其他用户的类似行为建立模型，通过模型来推测该用户可能感兴趣的知识。亚马逊较早采用“协同过滤”进行个性化书籍推荐，目前也已经在 kindle 上开展数字出版个性化推荐①。本书的“5.1.3 用户知识需求分析”已经进行过介绍。

“基于内容的推荐”的基本思想是根据用户过去喜欢的内容，为用户推荐相似的内容，即根据内容之间的相似性进行推荐。推荐算法主要是计算用户可能购买的产品和他过去选择的产品的相似度。例如，我们登录当当网或京东后，网站的“为您推荐”或“猜你喜欢”就会根据用户此前购买的商品进行同类商品推荐，经常购买互联网类书籍的用户看到的推荐商品也会是类似的书籍。

“基于知识的推荐”与“协同过滤”和“基于内容的推荐”这两个基于数据统计的推荐算法不同，它是基于事物分类、用户偏好、推荐原则等显性知识进行推荐的技术②。在用户指定需求后，“基于知识的推荐”以个性化方法引导用户找到合适的内容。该推荐算法主要分为基于约束推荐和基于实例推荐两个基本类型，前者依赖于明确规定的约束条件集群，后者利用各种相似度计算公式检索出相似度最高的某些项目。

5.3.3 个性化交互

随着大数据、互联网、移动互联网的发展以及移动设备和社交媒体的普及，数字出版机构与用户的交互越来越频繁，也越来越重要。数字出版知识服务将越来越重视用户对出版过程的参与，为用户提供随时随地的移动服务，带给用户良好的个性化服务体验。

---

① 余海燕. 大数据技术在传统出版社数字出版中的应用分析[J]. 出版发行研究，2016(7):47－50.

② BURKE R. Knowledge-based recommender systems[J]. Encyclopedia of library and information science,2000,69(32):180－200.

(1)用户对出版过程的参与

大数据时代的用户可以参与到整个出版过程的各个重要方面,数字出版产品的选题和内容制作更是以用户为中心。大数据可以帮助数字出版企业分析用户的阅读主题、阅读地点以及阅读过程中的情绪变化,基于这些数据,可以为内容生产形成一个“标准结构”。通过大数据分析,数字出版企业可以评价作品的流行性、特点、风格、情节等方面,形成情节开发的基本模式和素材库,实现内容的半自动生产。

美国学乐出版社(Scholastic Press)为旗下“39 条线索”(*The 39 Clues*)系列丛书建立了一个网站(见图 5 - 11),以收集用户行为数据,并将网站中的高知名度和处于上升趋势的主题挑选出来,作为该系列下一期出版物的主题。该系列已推出 10 本书、350 多张收藏卡和一款网络游戏,并售出 1500 万册图书,拥有 200 万网站注册用户①。

图 5 - 11 美国学乐出版社“39 条线索”系列丛书的网站

资料来源:https://kids. scholastic. com/kids/books/the-39-clues/。

① 武迪,叶新. 学乐公司探索儿童书出版新模式[J]. 出版参考,2009(25):37 - 38.

粗剪服务(rough cut)也是用户参与出版过程的一种个性化服务手段。购买了粗剪服务的用户,可以获取还在编辑加工尚未正式出版的书稿的提前阅读权,用户可以直接和编辑、作者进行联系,提出对书稿的建议、评论,甚至可能直接影响未来正式出版的书稿内容①。粗剪服务能够鼓励用户的参与和互动,从而有利于准确把握市场供需状况,更加有效地满足用户个性化需求。

(2)随时随地享用的移动服务

移动服务指数字出版机构借助移动互联网技术,为用户随时随地通过手机、平板电脑等移动设备获取和利用知识提供便捷、友好的服务。移动互联网和移动设备的普及,让用户远程获取数字出版知识服务的方式发生了改变,他们已经"从台式电脑的限制中解脱出来了"②。随着5G商用时代的到来,网络传输速度可能提升几十倍甚至几百倍,用户在任何时间、任何地点,可以以任何方式获得数字出版知识资源,越来越多的用户将选择使用移动终端来获取知识资源。发展移动服务成为当前形势下数字出版知识服务的一个重要选项。

本书对143家美国城市图书馆的调查结果显示,移动服务在美国图书馆已经普及。截至2018年5月,97%的图书馆至少有一个移动网站或APP③。

Elsevier、Springer、中国知网CNKI、万方数据等数字出版知识服务机构也都推出了自己的移动网站和APP,让用户可以随时随地享用他们提供的移动服务。CNKI手机知网提出的口号是:"您随身的知识专家",并推出移动数字出版阅读平台——CAJ云阅读以及CNKI全球学术快报,充分反映出数字出版知识服务机构对发展移动服务的重视。

---

① 刘茂林.粗剪:一种开放的数字出版模式[J].编辑之友,2010(11):65-66.

② GRIFFEY J. Mobile technology and libraries[M]. New York:Neal-Schuman,2010:4-5.

③ 郭亚军,刘燕权.美国城市图书馆移动服务最新实践现状及发展趋势研究——基于143家城市图书馆的实证调查分析[J].图书与情报,2018(4):122-129.

(3)良好的个性化服务体验

大数据环境下数字出版知识服务机构开展个性化服务将给用户带来更好的体验,这种个性化体验不仅包括用户在购买知识产品时的体验,还包括在获取和利用知识的过程中以及享受售后服务等全程的体验。

亚马逊全力为用户提供个性化服务。用户在登录亚马逊网站时会发现,网站会自动推荐与其品味和兴趣相符的书目,因为网站已经结合该用户的购书记录进行个性化推荐,从而打造"千人千面"的个性化在线商店。亚马逊还将一些具有共同阅读趣味的用户组织起来,建立一个拥有共同兴趣的群组,讨论共同关注的话题,让用户产生强烈的归属感①。

数字出版用户对服务更加看重,并乐于在网上进行评论,他们在购买决策时会参考其他用户的反馈意见,对数字出版机构的服务质量非常看重。因此,对于数字出版机构而言,要利用在线咨询、社交媒体等建立与用户之间畅通的、便捷的个性化沟通渠道,悉心解答用户提出的问题,提高用户的满意度,带给用户良好的服务体验。

① 刘果,王铁军.论数字出版的个性化表达[J].编辑之友,2014(3):81-84.

6 基于大数据的数字出版知识服务平台

构建数字出版知识服务平台，是大数据环境下数字出版机构发展知识服务的重要环节，其目的是有效增强数字出版内容资源的知识融合与重构的能力，促进知识产品创新创造，更好地为用户提供知识服务。数字出版机构利用大数据技术从海量数字内容资源中抽取、挖掘和发现有价值的知识，再结合用户的个性化知识需求，从而为平台用户提供精准的知识服务，在这个过程中不但完成数字内容的生产，而且实现了知识服务的模式转型。基于大数据的数字出版知识服务平台，有效聚集了数字内容资源，推动了知识服务体系建设，提升了知识服务能力和水平。平台的设计包括主要功能、体系架构和关键技术三部分。

6.1 数字出版知识服务平台的主要功能

基于大数据的数字出版知识服务平台是依靠大数据技术进行数字资源获取、分析、组织、出版、检索、咨询的智慧服务平台，为出版机构和用户的数字内容资源出版提供共享、交易和协作的功能支持。本书认为基于大数据的数字出版知识服务平台应该具备以下主要功能，以完成从数字化知识传播到智慧化知识服务的转型，如图 6－1 所示。

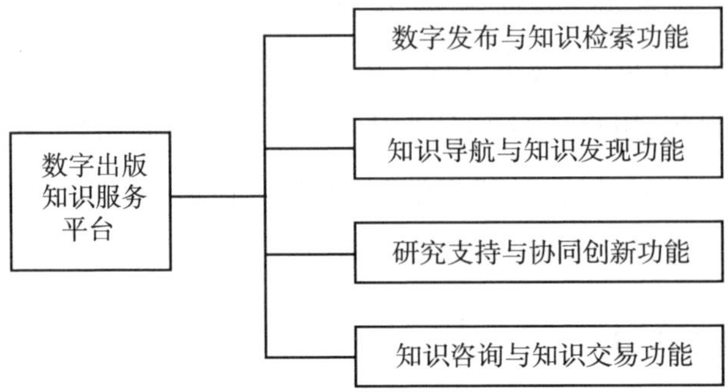

图6－1 数字出版知识服务平台的功能

6.1.1 数字发布与知识检索功能

数字发布与知识检索功能是数字出版知识服务平台最为基础的功能，是出版机构与平台用户、用户和用户之间进行数字发布和知识检索的门户。将出版机构或用户发布的数字内容资源，经过显性知识重组或隐性知识抽取，使数字内容资源进入知识流通领域，从而实现知识的数字发布、传播和再利用。

数字出版知识服务平台采用开放的数字发布模式，目标是通过平台向用户传播各种信息知识，使用户能够方便地获取和利用知识，帮助用户在前人的研究成果的基础上创造出新的知识，从而促进知识创新。在平台中任何组织和个人既是知识的使用者，也是知识的发布者。用户的数字发布主要通过博客、播客、在线评论、在线解答进行，使得越来越多的知识内容以按需出版(print on demand)的模式①，由内容提供者直接发布给信息消费者。这种发布方式既可以提高交流的效率也可以为分析用户的需求提供数据来源支持。

知识检索是建立在语义关联技术之上的信息检索方式，能够根据用

① 文燕军.数字时代的按需出版发展探析[J].出版科学，2014(4):73－75.

户的查询需求来返回相应的知识检索结果①。知识检索与传统信息检索的不同之处在于通过语义、概念进行关联检索,帮助用户有效扩展或修正检索词,而不是基于关键词匹配,知识检索能够揭示内容的内在含义,提高查全率和查准率。同时还具备分面聚类功能,也支持用户使用多种排序功能对检索结果进行快速寻优筛选。

6.1.2 知识导航与知识发现功能

知识导航与知识发现功能通过对数字内容资源进行挖掘和重组,将其内容标引、分类、拆分后,形成知识关联,以知识导航的方式按需重组,便于实现数字出版内容的知识发现功能。其目的是保证知识或隐性知识可被用户方便获取。大数据背景下,数字出版知识服务平台采用数据挖掘、大数据分析等关键技术,对用户的知识需求、检索行为和习惯进行分析,归纳出用户兴趣模型,自动地根据用户的画像查找相关的知识,在平台存储的数字资源中实时挖掘用户所需要的知识,主动可视化地推荐给用户,以改进用户的搜索体验。知识发现功能使得用户可以从数字出版平台获得所需专业领域最新、最热、最全面的研究进展和学术成果。

知识导航是根据数字资源内容的分类主题为用户提供组织良好的知识超链接访问门户②。知识导航服务根据访问用户的类型及其需求,通过采集、组织、加工将数字资源内容中分类标引后提供给用户进行浏览查询。知识导航的表现方式是知识的关联和连接,即通过网页超链接将数字资源内容进行链接组织,为用户提供主动式的知识浏览服务,提高了用户查找知识体系的效率。

知识发现的本质就是知识资源中知识元及其相互关系的揭示与发

---

① 谷琦. 对语义网格及其在数字图书馆信息检索中应用的探讨[J]. 现代情报,2009,29(1):68-72.

② 朱鹏. 基于知识图谱的知识导航服务研究[J]. 无线互联科技,2019,16(3):123-124.

现①。平台的知识发现功能将知识的组织粒度由“篇章”细分到“知识元”,把知识元挖掘出来加以关联和聚合,细粒度化知识资源中的段落和句子,语义增强实体之间的关系,深度揭示和挖掘数字内容资源中的隐性知识②。

6.1.3 研究支持与协同创新功能

知识服务平台中的研究支持与协同创新功能,辅助研究人员有效地检索和发现与研究相关的知识资源,及时与相关的个人和单位机构相互协作和联系,实现协同创新,提高知识服务和创新的能力。

用户的科研工作需要相关的人员和机构提供有效的研究支持服务。相关人员和机构在对平台中发布的数字资源进行拆分和重组后,能够发现有用的知识和创新资源,利用这些数字内容资源,为科研用户提供科研支撑的服务。为了更好地提供研究支持,知识服务平台中的研究支持功能通过信息发布、知识检索、知识挖掘等方式,为用户提供文献调研、科技查新、学术评价、情报分析、知识发现等服务。协同创新的个人和单位通过平台进行信息和方案的反馈,使得研究人员的项目能够快速、精准地找到相关的资料和研究合作单位,保证知识创新的高效和实时性。

6.1.4 知识咨询与知识交易功能

知识咨询与知识交易功能是数字出版知识服务平台提供的知识付费门户功能。知识咨询是一种创新型知识服务,根据用户所提出的知识需求,以数字出版平台的数字知识内容为基础,利用大数据分析技术对相关信息进行抽取、分析、挖掘,充分考虑用户的知识应用场景,为用户的实际

---

① 文燕军.数字时代的按需出版发展探析[J].出版科学,2014(4):73-75.

② 戎军涛,吴鹏飞,李华.面向知识发现的学术文献内容情景模型构建研究[J].情报理论与实践,2019,42(3):153-159.

问题和决策提供针对性的知识和有效的解决方案①。

知识交易功能主要提供对数字内容产品、线下相关产品与衍生产品以及基于知识产权的各种交易的实时电子支付技术支持服务，促进知识产品和学术成果付费流通，尤其是内容产品和服务的结算交易。数字出版平台本就是数字出版的多边交易平台。平台中的交易方涉及数字出版平台的个人与机构等，它们之间实际形成了多元的知识交易关系。

6.2 数字出版知识服务平台的体系架构

数字出版知识服务平台是数字出版的高阶发展阶段，采用知识抽取、大数据、语义网、可视化等信息技术，构建数字出版知识服务生态系统，旨在增强现有数字出版企业的知识服务能力，实现大数据技术与数字出版业务的深度融合。又鉴于出版机构拥有海量的内容资源，需要搭建数字出版知识服务大数据体系架构，注重以内容资源建设为基础，以大数据技术为手段，充分发挥知识生产者的知识结构水平，对数据资源的本体和知识体系进行建设，实现内容、技术和管理等多方面融合，达到为知识使用者提供满足个性化知识需求的精准知识服务的目的。因此，通过对知识服务和大数据技术的分析研究，本书基于大数据技术构建了数字出版知识服务平台模型，该模型分为 5 个层次来构建：数据资源层、技术支持层、知识加工层、知识服务层和用户层，如图 6 – 2 所示。平台主要通过知识元、本体的构建，进行聚类、关联，利用大数据技术、文本挖掘技术，构建一个知识服务平台，从海量数据中抽取、挖掘和发现大数据的价值，应用于数字出版的各个服务环节。

---

① 王天泥. 知识咨询：大数据时代图书馆的知识服务增长点[J]. 图书与情报，2013(2)：74 – 77.

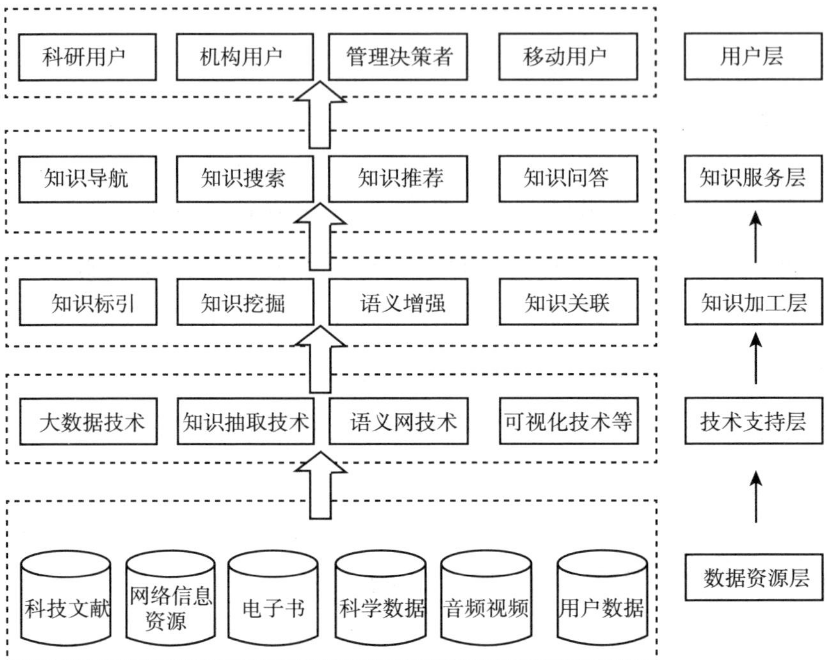

图 6－2　数字出版知识服务平台的体系架构

6.2.1　数据资源层

数据资源层全面梳理各类数据资源，建立知识资源整合规范，并开展数据持续采集与整合，形成知识服务的基础资源层，即通过自然语言处理和知识抽取技术收集科技文献、网络信息资源、电子书、科学数据、音频视频文件和用户数据等数字资源，构建规范统一的数字资源数据库，然后对这些数字资源进行自动标注、分类。对于拥有海量知识资源数字出版机构来说，数据资源层是数字出版机构利用大数据技术打造知识服务平台的基础。数字资源层可以将数字出版机构的知识内容资源、出版物进行数字序列化，为后继的知识加工、挖掘现有数字内容资源的知识做好准备。

6.2.2 技术支持层

技术支持层运用大数据、知识抽取、语义网、可视化等技术，为上层定制知识加工业务做技术支撑，也为数字资源的知识碎片化与有效知识组织提供技术方案。通过知识抽取，将数字内容资源进行实体关系语义化，实现数字资源的碎片化，从而达到数字出版大数据知识元化的目的。技术支持层也提供了大数据分析和语义网技术支持，对数据资源层中的有序化数据的知识和关系属性进行挖掘，并评估这些知识的模式有效性，然后对识别出的知识和相互之间的关系进行语义网络链接和关联，实现数字出版资源内容的语义网快速构建。此外，技术支持层还提供可视化技术支持，结合各种显示设备和移动通信终端，达到可视化知识呈现与交流的目的。

6.2.3 知识加工层

知识加工层对接平台内的数据资源层，是数字出版知识服务系统的关键构成模块。该层依托最新的知识标引、知识挖掘、语义增强、知识关联和大数据挖掘技术，基于相应数据及其特性的加工处理规范，对各种相关的专业知识资源进行整合和加工。首先从数据资源层的各种数据资源库中提取出显性或隐性知识，即采用知识推理技术从数字内容中找到有价值的知识，解释评估这些知识，将知识资源入库后，再开展分类、加工和标引等工作，把知识或知识元存储到统一的知识库中。然后开展知识资源文本挖掘算法研究，对不同类型的知识资源进行分析挖掘和知识重构，在原数字资源库基础上增加深度词条标引、条目拆分、关键词自动提取等功能，实现知识条目资源的有效加工，并将加工好的知识存储到知识元数据库中。该过程加快知识服务的知识构建效率，加速知识的组织和重组创新，从而提高知识服务的适用性。

6.2.4 知识服务层

知识服务层是用户获取所需知识服务的核心模块，有效地保障数字出版知识服务平台针对用户提供适用的知识服务。通过数字出版知识服务平台，数字出版机构可以开展知识导航、搜索、推荐、问答等服务。知识导航为用户提供平台数字知识内容的分面分类的条目导航。知识搜索服务为用户提供平台中知识内容的语义检索。知识推荐为用户提供感兴趣的个性化知识内容。知识问答通过问答的形式为用户提供相应的问题解决方案或知识。

6.2.5 用户层

用户层处于整个知识服务体系结构的顶层，主要承担着用户和平台之间的门户连接功能。按照用户使用数字出版平台知识服务的方式和特点，可以将平台用户划分为科研用户、机构用户、管理决策者和移动用户。用户层需要根据不同用户类型的信息需求和知识经验，让数字出版平台提供相应的知识服务，还要考虑用户访问平台的方式、显示方式和用户信息反馈机制，以提高用户的使用个性化和满意度。

6.3 数字出版知识服务平台的关键技术

本书的数字出版知识服务平台是大数据技术和知识服务机制的深度融合的创新应用，其中知识抽取技术、语义网技术、多源异构大数据治理技术、数据挖掘与知识发现技术、可视化技术是构建数字出版知识服务平台的关键支撑技术。数字出版的建设与可持续创新发展离不开这些信息技术的应用。接下来，将分析这些信息技术在数字出版知识服务平台中的应用思路。

6.3.1 知识抽取技术

知识抽取是利用各种来源的信息资源构建结构规范的知识库的过程。知识抽取技术是指从自然语言文本中识别和抽取出实体、关系以及属性,形成一系列高质量的事实、事件表达形式的技术①。知识抽取技术善于处理结构化和非结构化的数据源,从中提取出可靠的数据或知识,易于被知识加工层读取和解释,便于最终用户将这些知识用于知识服务的目的。

知识抽取技术可以处理多种不同的数字资源。对于结构化的数据源,可以从各种类型的关系数据库或某种类型的可扩展标记语言或 XML 源中提取数据。对于非结构化数据源,如图像、多媒体文档、电子表格,甚至平面文本,都可以作为提取过程的数据资源部分。只要这些数据资源对用于执行知识抽取过程的程序是可读的,就可以将它们用作知识抽取的潜在的数据资源,才最终可能抽取出可用的知识或知识元。

6.3.2 语义网技术

语义网是一种以机器可读的方式描述知识的知识组织与呈现体系,其目的就是对知识的自动集成和重用。语义网技术是开展知识服务的核心技术,能够组织三类知识:实体关系、术语本体、推理知识。通过语义丰富和揭示可以提高语义搜索应用的效果,即用语义增强改进搜索结果,提高搜索的查准率和召回率②。

基于大数据的数字出版知识服务平台采用语义网技术,能够有效地保障快速地自动构建知识导航、知识关系图、知识图谱等数据可视化知识体系展示,无缝地揭示知识之间的语义关系。通过语义网技术中的语义

---

① 张智雄,吴振新,刘建华,等. 当前知识抽取的主要技术方法解析[J]. 现代图书情报技术,2008(8):2-11.

② 张志平,杨建伟. 语义网技术及应用研究综述[J]. 情报学报,2008(5):721-726.

增强技术,扩展和丰富知识的语义或属性关系,以便被计算机所理解。从某种程度上,语义网技术使整个数字出版知识服务平台成为一个通用的知识交换平台,通过最小单位的知识元,进行链接、关联,从而将已有的语义关系清晰地展现出来,同时也能通过知识链接和关联将隐性知识揭示出来,创建新的知识推理关系,为知识推荐提供了知识推理基础。

6.3.3 多源异构大数据治理技术

数字出版知识服务平台的数字资源类型繁杂,表现为多源异构的大数据特征①。为了保障这些原始数字内容能够在数据资源层和知识加工层被有效识别和处理,需要采用多源异构大数据治理技术将不同来源、不同结构的数字资源进行融合对接,从而实现对多源异构数字资源的快速加工。不同数据来源的数字资源内容不能够按原始数据类型和结构来调用,其一是原始数字资源内容的封装结构不一致,其二是原始数字资源内容之间存在语义不一致。因此,需要利用大数据治理技术进行多源异构处理和过滤数字资源内容,从而提升数据质量达到便于进行数据交换和共享的目的。针对不同类型的数字资源有不同的处理方法。对结构化数据可以实施数据清洗、归约和变换等;对半结构化数据进行规则推理、聚类分析和模式分析等;对非结构化数据则可以开展数据结构变换、文本抽取和挖掘、语义挖掘和分析等。多源异构大数据治理技术保障了数字出版知识服务平台各个层级的数据交换、同步、组织等数据服务,加强了数据的可解释性,无须考虑底层数据资源的结构,实现跨领域的数据交换。

6.3.4 数据挖掘与知识发现技术

数据挖掘是指从大量的数据中通过算法揭示出隐含的、先前未知的

---

① 刘岩,王华,秦叶阳,等. 智慧城市多源异构大数据处理框架[J]. 大数据,2017(1):56–65.

并有潜在的、有价值的模式和知识的过程①。知识发现是数据挖掘的同义词。数字出版知识服务平台采用数据挖掘与知识发现技术从海量的数字内容资源中,进行数据预处理、加工,检查数据的完整性和一致性、去噪声等,根据数据的类型和特点选择相应的算法,进行统计、分析、挖掘、汇总、解读,获得能被用户理解的模式或知识,还可以发现知识之间的相互联系以及进行预测分析。通过数据挖掘所发现的知识都是一系列模式或规则,需要通过自然语言的描述和解释才能被用户所理解。

6.3.5 可视化技术

所谓"可视化",就是运用计算机图形图像处理技术把数据、信息和知识呈现为直观清晰的图表和动画表现形式。可视化技术应用于数字出版知识服务,能够把知识资源形象化,揭示知识资源之间的内部关联,帮助用户与平台之间实现有效沟通②。在数字出版知识服务平台中提供可视化图形展示模块,可视化技术可以通过大数据挖掘技术将知识资源进行抽取综合,经过大数据分析和知识计算后的关键数据或知识关联融合,生成相应的显示图表和分析图,呈现在知识服务平台的图形控件上。这样通过构建知识关系图将知识体系可视化显示,辅助用户对数字出版知识资源的认知,便于可视化地进行知识图谱分析和知识挖掘,获得更好的知识服务效果。

---

① 陈聪,张国惠,马晓磊,等.利用大数据挖掘和知识发现技术辅助智慧城市发展[J].大数据,2016,2(3):39-48.

② 冀潇,李杨.采用 ECharts 可视化技术实现的数据体系监控系统[J].软件学报,2017(6):72-76.

7 结论与展望

本章对全书进行总结和展望，对于本书研究得出的主要结论进行提炼，提出本书的主要创新之处，分析本书研究存在的不足，并对需要继续深入研究的问题进行展望。

7.1 研究结论

7.1.1 主要结论

本书通过问卷调查、案例分析、文献研究等方法，对数字出版用户知识需求与当前数字出版知识服务现状进行剖析与比较，揭示数字出版“信息过载”与用户个性化知识需求之间的矛盾。本书提出了“基于大数据的数字出版知识服务模式”，以求解决上述矛盾，并为数字出版机构开展知识服务提供理论依据。“基于大数据的数字出版知识服务模式”具有较强的普遍性和适用性，可以为数字出版机构的用户知识需求挖掘、数字出版资源重组、个性化知识服务等各方面的实践提供一定指导。本书还以大数据技术为支撑设计了数字出版知识服务平台，既对“基于大数据的数字出版知识服务模式”进行验证，又为数字出版机构的知识服务实践提供应用借鉴。

7.1.2 核心观点

本书的核心观点有：

(1)数字出版进入大数据时代

纵观人类的信息传播和利用过程，截至目前共发生了五次媒介革命，每一次媒介革命都会带来全球数据量的大爆发。尤其是以数字媒介为代表的第五次媒介革命所产生的数据增长幅度和速度，远远超过前四次媒介革命，也推动数字出版进入大数据时代。大数据时代，很多知识资源都可以被数字化，为出版机构重新整合知识资源提供了机遇。

(2)数字出版“信息过载”与用户个性化知识需求矛盾凸显

人们的信息行为已经发生改变，越来越多地借助数字出版来进行知识的获取，数字化阅读已经超越传统纸质阅读成为用户获取知识的最主要的途径。在数字化环境下，用户的知识需求个性化特征更加突出。但用户以数字化方式获取知识时，往往会面临“信息过载”和“知识迷航”的问题。如同未来学家 Naisbitt 所说：“人类正被信息淹没，却饥渴于知识。”

(3)大数据为解决数字出版“信息过载”与用户个性化知识需求的矛盾提供了机会

大数据时代的数字出版正在由“大规模复制”向“个性化定制”转变，与此同时，数字出版机构借助大数据技术掌握每个用户的个性化需求成为可能，与每个用户沟通的成本也显著降低。这为数字出版机构解决“信息过载”问题，满足用户的个性化需求提供了重要的支撑。

(4)数字出版知识服务可借助大数据进行模式重构

现有数字出版知识服务不能完全满足用户的个性化需求，应借助大数据进行模式重构，包括：基于大数据预测进行用户知识需求挖掘，基于大数据治理进行数字出版资源重组，基于大数据分析开展个性化知识服务，从而以大数据为纽带对数字出版知识服务流程进行再造。

(5)以大数据技术为支撑设计数字出版知识服务平台

平台的设计包括主要功能、体系架构和关键技术三部分。平台的主要功能包括:数字发布与知识检索功能、知识导航与知识发现功能、研究支持与协同创新功能、知识咨询与知识交易功能;平台的体系架构包括:数据资源层、技术支持层、知识加工层、知识服务层、用户层;平台的关键技术包括:知识抽取技术、语义网技术、多源异构大数据治理技术、数据挖掘与知识发现技术、可视化技术。基于大数据的数字出版知识服务平台有效聚集了数字内容资源,推动了知识服务体系建设,提升了知识服务能力和水平。

7.2 主要创新

本书在理论研究和应用研究方面有一定突破和创新,具体体现在以下三个方面:

7.2.1 理论总结:归纳现有数字出版知识服务主要模式

本书对国外的 Elsevier、Springer、EBSCO、亚马逊 kindle、苹果 iPad、Facebook、Twitter、Quora、Skillshare 等以及国内的中国知网、万方数据、重庆维普、汉王电纸书、盛大 Bambook 电子书、微信、微博、知乎、得到 APP、喜马拉雅 FM 等 20 多家有代表性的数字出版知识服务平台进行典型案例研究,归纳总结出现有数字出版知识服务的 5 种主要模式:知识资源数据库模式、知识获取终端设备模式、社交媒体知识分享模式、开放式知识众编模式和知识付费订阅模式,对这些模式的知识资源的类型、来源、组织形式等方面的特点进行了比较分析。

现有数字出版知识服务的五种主要模式的提出,是对数字出版知识服务应用实践的理论总结,推动产业实践与理论研究的结合。

7.2.2 理论创新:构建基于大数据的数字出版知识服务模式

本书立足于大数据环境,构建以用户知识需求挖掘为导向,以海量和多结构数字出版资源深层开发为基础，以大数据技术为依托的数字出版知识服务模式。基于大数据的数字出版知识服务模式主要包括三个方面：基于大数据预测的用户知识需求挖掘、基于大数据治理的数字出版资源重组、基于大数据分析的个性化知识服务。其中，“基于大数据预测的用户知识需求挖掘”解决“用户需要什么知识”的问题，“基于大数据治理的数字出版资源重组”解决“为用户提供什么知识”的问题，“基于大数据分析的个性化知识服务”解决“如何为用户提供知识”的问题。

基于大数据的数字出版知识服务模式的构建，是在新的信息环境下对现有数字出版理论和知识服务理论的创新发展。

7.2.3 应用创新：设计基于大数据的数字出版知识服务平台

本书在基于大数据的数字出版知识服务模式研究的基础上，设计数字出版知识服务平台的主要功能，包括数字发布与知识检索功能、知识导航与知识发现功能、研究支持与协同创新功能、知识咨询与知识交易功能等；构建平台的体系架构，包括数据资源层、技术支持层、知识加工层、知识服务层、用户层；分析平台要用到的关键技术，如知识抽取技术、语义网技术、多源异构大数据治理技术、数据挖掘与知识发现技术、可视化技术等。

基于大数据的数字出版知识服务平台的设计，可以为数字出版机构和主管部门提供应用参考，推动知识服务体系建设。

7.3 研究展望

7.3.1 本书研究存在的不足

面对发展迅速的大数据环境和来自国内外同行激烈的市场竞争，数字出版机构向知识服务机构的转型势在必行，无论在情报学领域还是在出版学领域，对于大数据环境下的数字出版知识服务的研究还不充分，许多重要的理论问题和实践问题需要进一步深入探讨。本书面向数字出版“信息过载”与用户个性化知识需求的矛盾，立足于大数据环境，研究大数据对数字出版知识服务的影响，调查数字出版用户的知识服务需求以及现有数字出版知识服务模式，构建基于大数据的数字出版知识服务模式，设计数字出版知识服务平台的主要功能、体系架构、关键技术，为大数据环境下数字出版机构开展知识服务提供参考。但由于时间与精力的限制，本书涉及的许多课题未能深入研究与拓展，在理论和应用层面上分别存在以下不足：

（1）基于大数据的数字出版知识服务模式的理论体系不够细化

虽然本书构建了由基于大数据预测的用户知识需求挖掘、基于大数据治理的数字出版资源重组、基于大数据分析的个性化知识服务三个主要模块组成的基于大数据的数字出版知识服务模式，搭建了理论框架，但仍有很多细节需要完善，例如该模式的运行机理、影响因素、保障体系、适用局限等。

（2）本书研究未涉及数字出版知识服务的营利模式

数字出版机构作为市场的参与者，营利是其基本的诉求，基于大数据的数字出版知识服务模式的最终目标一方面要实现用户个性化知识需求的满足，另一方面也要实现数字出版机构的营利。当然，只有满足了用户的知识需求，实现了用户的价值，才能让用户愿意为获得的产品和服务付费。如何将基于大数据的数字出版知识服务模式与数字出版机构营利模式进行深度融合，本书未做研究探讨。

7.3.2 需要继续深入研究的问题

根据本书的研究，结合数字出版知识服务与大数据发展趋势，本书认为，今后的研究工作应围绕以下几个问题开展：

(1)完善基于大数据的数字出版知识服务模式的理论体系

如前文所述,本书搭建了基于大数据的数字出版知识服务模式的理论框架,但要完善该理论体系,还需要继续研究该模式的运行机理、影响因素、保障体系、适用局限等细节问题。因此,未来的研究可以在基于大数据的数字出版知识服务模式的理论体系下予以开展,在与数字出版知识服务具体实践的结合中对理论体系进行完善。

(2)研究基于大数据的数字出版知识服务模式的营利应用

基于大数据的数字出版知识服务模式的构建是以用户的知识服务需求为导向,旨在解决数字出版"信息过载"与用户个性化知识需求的矛盾,并未考虑数字出版机构的营利问题。但笔者认为满足用户知识需求与数字出版机构的营利并不矛盾,并且应该完美地统一起来,将基于大数据的数字出版知识服务模式与数字出版机构营利模式进行深度融合,实现数字出版机构与用户的双赢,值得继续深入研究。

(3)跟踪用户知识需求的发展趋势与数字出版知识服务的应对策略

随着社会的快速发展和新技术的不断涌现,用户的知识需求也在发展变化。根据马斯洛需求层次理论,当一个需求被满足后,更高层次的新的需求将产生,用户的知识需求也将是一个不断提升的过程。用户知识需求的发展趋势是什么？数字出版知识服务如何应对？都是需要持续跟踪和研究的课题。

本书的研究仅仅是一个开端,希望能够为相关研究者提供一个不断向上攀登的"阶梯",让我们一起继续关注和探索。

参考文献

外文部分

[1] BENJAMIN W. Big data: finding answers where there are yet to be questions? [C]. BIG DATA world forum, 2011.

[2] BOYD D, CRAWFORD K. Critical questions for big data: provocations for a cultural, technological, and scholarly phenomenon[J]. Information, communication & society, 2012, 15(5).

[3] BULOCK C. Open access and the big deal sharing space in the Netherlands [J]. Serials review, 2015, 41(4).

[4] BURKE R. Knowledge-based recommender systems[J]. Encyclopedia of library and information science, 2000, 69(32).

[5] CARD S, MACKINLAY J, SHNEIDERNAN B. Readings in information visualization-using vision to think [C]//Series in interactive technologies, San Francisco: Morgan kaufmann publishers Inc., 1999.

[6] CASTRO S, ZHANG D, LI S. Urban traffic modelling and prediction using large scale taxi GPS traces [C]//International conference on pervasive computing. Springer-Verlag, 2012.

[7] CHRIS A. The long tail[EB/OL]. [2019 - 11 - 01]. http://www.wired.com/wired/archive/12.10/tail.html.

[8] CLAIR S, REICH M J. Knowledge services: financial strategies and budgeting[J]. Immunochemistry, 2002, 14(2).

[9]CLARKE A, MARGETTS H. Governments and citizens getting to know each other? Open, closed, and big data in public management reform[J]. Policy & Internet, 2014, 6(4).

[10]COLLINGRIDGE P. Book marketing is broken. Big data can fix it[C]//Tools of change for publishing conference, 2012.

[11]COOPER A. The inmates are running the asylum: why high tech products drive us crazy and how to restore the sanity[M]. Indianapolis: Sams Publishing, 1999.

[12]COX M, EllSWORTH D. Application-controlled demand paging for out-of-core visualization[C]//Proceedings of the 8th conference on visualization' 97. IEEE Computer Society Press, 1997.

[13]CSERNAI K. A machine learning approach to ranking answers on Quora [EB/OL]. [2018-06-18]. https://engineering.quora.com/A-Machine-Learning-Approach-to-Ranking-Answers-on-Quora.

[14]Declaration to be the world's most advanced IT nation[EB/OL]. [2019-10-04]. http://japan.kantei.go.jp/policy/it/2016/20160520_full.pdf.

[15]DEY S, CHAKRABORTY A, NASKAR S, et al. Smart city surveillance: leveraging benefits of cloud data stores[C]//Local computer networks workshops (LCN Workshops), IEEE 37th conference, 2012.

[16]EBSCO[EB/OL]. [2019-07-08]. https://www.ebsco.com/products/research-databases.

[17]EISENSTEIN E. The printing revolution in early modern Europe[M]. Cambridge: Cambridge University Press, 1993.

[18]Elsevier[EB/OL]. [2019-07-08]. https://www.elsevier.com/solutions/sciencedirect.

[19]GAMAGE P. New development: leveraging "big data" analytics in the public sector [J]. Public money & management, 2016(5).

[20]Gartner. Big data[EB/OL]. [2019-11-01]. http://www.gartner.com/it-glossary/big-data.

[21]Gartner. Gartner says solving "Big data" challenge involves more than just managing volumes of data[EB/OL]. [2019-11-28]. http://www.pressebox.com/pressrelease/gartner-deutschland-gmbh/Gartner-Says-Solving-Big-Data-Challenge-Involves-More-ThanJust-Managing-Volumes-of-Data/boxid/432132.

[22] GOLSTON D, DOCTOROW C, LYNCH C, et al. Big data: science in the petabyte era[J]. Nature, 2008, 455(9).

[23] GRAY J, SZALAY A. eScience-a transformed scientific method, presentation to the computer science and technology board of the national research council, Mountain View, CA, 11 January 2007[EB/OL]. [2019 - 10 - 20]. http://research. microsoft. com/en-us/um/people/gray/talks/NRC-CSTB_eScience. ppt.

[24] GRIFFEY J. Mobile technology and libraries[M]. New York: Neal-Schuman, 2010.

[25] HENRIQUE M. Interoperability between digital collections in archives, libraries and museums: potentialities of linked open data technologies[J]. Perspectivasem ciencia da informacao, 2016, 21(2).

[26] HEY T, TANSLEY S, TOLLE K. The fourth paradigm: data-intensive scientific discovery[M]. Redmond, Washington: Microsoft Research, 2009.

[27] HINZE A, DIGHE A. Re-finding physical documents: extending a digital library into a human-centred workplace[C]//Proceedings of the international conference on theory and practice of digital libraries. Heidelberg: Springer, 2012.

[28] HUNTER B. The effect of digital publishing on technical services in universiy libraries[J]. Journal of academic librarianship, 2013, 39(1).

[29] IDC. Discover the digital universe of opportunities: rich data and the increasing value of the Internet of things[EB/OL]. [2019 - 11 - 01]. http://www. emc. com/leadership/digital-universe/index. htm.

[30] KANTER M, VEERAMACHANENI K. Deep feature synthesis: towards automating data science endeavors[C]//Paris: Proceedings of the 2015 IEEE international conference on data science and advanced analytics, 2015.

[31] KAWTRAKUL A. Ontology engineering and knowledge services for agriculture domain[J]. Journal of integrative agriculture, 2012, 11(5).

[32] KENNEDY D . The ultimate marketing plan: target your audience! Get out your message! Build your brand! [M]. Avon: Adams Media, 2014.

[33] KOBSA A. Genetic user modeling systems[J]. User modeling and user adapted interactive, 2001(11).

[34] LATHIA N, CAPRA L. Mining mobility data to minimise travellers' spending on public transport[C]//San Diego: ACM KDD, 2011.

[35] LIN D, ISHIDA T. Participatory service design based on user-centered QOS[C]//Proceedings of the international joint conferences on Web intelligence. New York: IEEE computer society, 2013.

[36] LINDEN G, SMITH B, YORK J. Amazon. com recommendations: item-to-item collaborative filtering[J]. IEEE Internet computing, 2003, 7(1).

[37] MANYIKA J, CHUI M, BROWN B, et al. Big data: the next frontier for innovation, competition, and productivity[R]. McKinsey Global Institute, 2011.

[38] MANGANI A, ARRINI E. Who survives a recession? Specialization against diversification in the digital publishing industry[J]. Online information review, 2017, 41(1).

[39] MERGEL I, RETHEMEYER K, ISETT K. Big data in public affairs[J]. Public administration review, 2016(6).

[40] NAISBITT J. Megatrends: ten new directions transforming our lives[M]. New York: Warner Books, 1982.

[41] NAUR P. Concise survey of computer methods[M]. Lund: Studentlitteratur Publishing, 1974.

[42] PAULLEAGANS J. A concept of needs [J]. Journal of extension, 1964, 2(2).

[43] PERAKAKIS P, TAYLOR M, MAZZA M, et al. Natural selection of academic papers[J]. Scientometrics, 2010, 85(2).

[44] QUINTANA M, HALEY R. The persona party: using personas to design for learning at Scal[J]. Chi conference extended, 2017.

[45] RAMDARSHAN M, WAGSTAFF K. Marginalia in the digital age: are digital reading devices meeting the needs of today's readers? [J]. Library & information science research, 2017, 39(1).

[46] RAO Y, LU S. Service-oriented knowledge acquisition paradigm and knowledge cloud platform[M]. Knowledge engineering and management. New York: Springer, 2014.

[47] RESNICK P, LACOVOU N, SUCHAK M, et al. Grouplens: an open architecture for collaborative filtering of netnews[C]//Chaple Hill, NC: Proceedings of CSCW 94, 1994.

[48] RICCI F, ROKACH L, SHAPIRA B, et al. Recommender systems handbook [M]. New York: Springer, 2011.

[49] SHANG C, LI Y, WU L, et al. Understanding Web2. 0 service models: a knowledge-creating perspective[J]. Inormation & management,2011,48(4/5).

[50] SHANNON C, WEAVER W. The mathematical theory of communication[M]. Urbana:The University of Illinois Press,1964.

[51] SINGH V, SRIVASTAVA I, JOHRI V. Big data and the opportunities and challenges for government agencies [J]. International journal of computer science & information technologies,2014(4).

[52] Springer[EB/OL]. [2019 - 07 - 08]. http://www. springer. com/gp/products/springerlink.

[53] TAKEDA S, KOBAYASHI A, KOBAYASHI H, et al. Irregular trend finder: visualization tool for analyzing time-series big data [C]//Visual analytics science and technology(VAST),IEEE,2012.

[54] The White House. National cyber strategy of the United States of America[EB/OL]. [2019 - 11 - 29]. https://www. whitehouse. gov/wp-content/uploads/2018/09/National-Cyber-Strategy. pdf.

[55] The White House. National security strategy [EB/OL]. [2019 - 11 - 29]. http://nssarchive. us/wp-content/uploads/2017/12/2017. pdf.

[56] The White House. U. S. open data action plan[EB/OL]. [2019 - 10 - 04]. https://obamawhitehouse. archives. gov/sites/default/files/microsites/ostp/us_open_data_action_plan. pdf.

[57] UNDP. What are UNDP's "knowledge services"? [2019 - 11 - 22]. http://www. undp. org/execbrd/pdf/UNDP%20knowledge%20services. pdf.

[58] VARGO S,LUSCH R. Evolving to a new dominant logic for marketing[J]. Journal of marketing,2004,68(1).

[59] Wikipedia. Big data[EB/OL]. [2019 - 11 - 28]. https://en. wikipedia. org/wiki/Big_data.

[60] ZEPF K. Human behavior and the principle of least effort[M]. Boston: Addison-Wesley Press,1949.

[61] ZHANG B,WONG S,LI T,et al. A comparison of parallel large-scale knowledge acquisition using rough set theory on different MapReduce runtime systems[J]. International

journal of approximate reasoning,2014,55(3).

[62]ZHAO G. The study on knowledge organization for digital library[J]. Advanced materials research,2010.

[63]ZORATTI S, GALLAGHER L. Precision marketing: maximizing revenue through relevance [M]. London:Kogan Page,2012.

[64]政府におけるオープンデータの推進について[EB/OL].[2019-10-04]. http://www.tronshow.org/2016-tron-symposium/session-pdf/ja/pdf/20161215-5-2.pdf.

中文部分

[1]IT之家.英特尔预测2020年全球数据量达44ZB:中国占据五分之一[EB/OL].[2019-11-28]. https://www.ithome.com/html/it/326387.htm.

[2]白可珊.爱思唯尔未来十年转型新方向　开发数字决策工具[N].中国出版传媒商报,2014-08-26(6).

[3]白林.媒介融合理论对图书出版的启示[J].编辑之友,2015(1).

[4]鲍雪莹,赵宇翔,朱庆华.社会化媒体环境下信息生命周期的解构及信息素养刍议[J].情报资料工作,2016(3).

[5]毕达天,马卓,刘健.用户参与视角下移动社交网络互动特征及模式研究[J].情报理论与实践,2016,39(9).

[6]蔡立媛.TSCR:大数据时代数字出版的"利基营销"[J].科技与出版,2015(7).

[7]蔡丽娇,董本清,万莉立.数字出版视域下编辑工作流程的优化探讨[J].新闻研究导刊,2018,9(21).

[8]蔡骐,李玲.信息过载时代的新媒介素养[J].现代传播(中国传媒大学学报),2013,35(9).

[9]朝乐门.数据科学理论与实践[M].北京:清华大学出版社,2017.

[10]朝乐门.信息资源管理理论的继承与创新:大数据与数据科学视角[J].中国图书馆学报,2019(2).

[11]陈呈超,于鑫,李佳楣,等.多模式集中办刊出版平台流程的重构与设计[J].中国科技期刊研究,2019,30(6).

[12]陈呈超,朱宝象,谢骏,等.运用互联网思维推进科技期刊数字化进程[J].中

国科技期刊研究,2015,26(10).

[13]陈聪,张国惠,马晓磊,等.利用大数据挖掘和知识发现技术辅助智慧城市发展[J].大数据,2016,2(3).

[14]陈冬玲,王大玲,于戈.支持个性化检索的 User Profile 研究概述[J].小型微型计算机系统,2008(10).

[15]陈建龙,王建冬,胡磊,等.一论知识服务的概念内涵——基于产业实践视角的考察[J].图书情报知识,2010(3).

[16]陈尼佳.大数据时代数字出版发展趋势研究[J].现代商贸工业,2015,36(17).

[17]陈昕.美国数字出版考察报告[M].上海:上海人民出版社,2008.

[18]陈祖琴.基于语义路径的个性化知识服务[J].图书情报工作,2011(15).

[19]崔恒勇,范钦儒.试析数字出版平台与大数据结构[J].出版发行研究,2014(4).

[20]崔娜,雷涯邻,安海忠.面向用户需求的新闻文本集信息可视化模型[J].图书情报工作,2011(S2).

[21]邓凤仪,邓海荣.大数据时代数字出版的“长尾效应”[J].出版发行研究,2014(10).

[22]邓若伊,罗玉婷.大数据背景下数字出版的新思维[J].编辑学刊,2015(4).

[23]邓香莲.数字出版:传统出版产业链的价值延伸[J].科技与出版,2007(12).

[24]邓奕军,李夔慧.基于大数据知识服务体系的数字图书馆构建[J].广西民族大学学报(自然科学版),2017(23).

[25]狄野.大数据语境下数字内容产业发展的思维变革——以数字出版为例[J].出版发行研究,2017(2).

[26]刁羽.大数据环境下高校图书馆嵌入创客群体信息服务的策略探索[J].图书馆学研究,2016(16).

[27]董春雨,薛永红.大数据时代个性化知识的认识论价值[J].哲学动态,2018(1).

[28]董克,邱均平.论大数据环境对情报学发展的影响[J].情报学报,2017,36(9).

[29]方军. 知识付费:带动出版业向知识服务转型[J]. 出版广角,2018(7).

[30]方卿. 论数字出版产业发展中的五大关系[M]//范军,徐丽芳. 创新・融合・转型. 武汉:华中师范大学出版,2015.

[31]冯宏声. 加快推进馆社合作,共建知识服务新生态[J]. 出版科学,2018,26(4).

[32]付婉莹,薛创. 基于大数据的数字出版模式研究[J]. 出版发行研究,2014(11).

[33]耿瑞利,申静. 社交网络用户知识共享研究:特征、容与展望[J]. 图书情报知识,2018(1).

[34]龚启圣. 用大数据研究中国经济史[N]. 第一财经日报,2016－12－08(A11).

[35]谷琦. 对语义网格及其在数字图书馆信息检索中应用的探讨[J]. 现代情报,2009,29(1).

[36]管兆宁. 价、量、时、空的维度空间——大数据背景下数字出版转型发展的要素分析[J]. 新闻传播,2016(18).

[37]郭廓. 传统出版向数字出版转型的关键问题与应对策略探究[J]. 新闻研究导刊,2019,10(6).

[38]郭锐. 大数据环境下出版企业营销策略研究[D]. 郑州:华北水利水电大学,2018.

[39]郭亚军,刚榕隈,黄圣洁. 大数据环境下数字出版知识服务主要模式研究[J]. 现代情报,2018,38(11).

[40]郭亚军,郭锐. 数字出版用户知识服务需求调查与分析[J]. 图书馆学研究,2018(18).

[41]郭亚军,刘燕权. 美国城市图书馆移动服务最新实践现状及发展趋势研究——基于143家城市图书馆的实证调查分析[J]. 图书与情报,2018(4).

[42]郭亚军,赵路路,赵静. 大数据环境下企业技术创新知识管理模式研究[J]. 现代情报,2016,36(7).

[43]郭亚军. 基于用户信息需求的数字出版模式[D]. 北京:中国人民大学,2009.

[44]韩翠峰. 大数据带给图书馆的影响与挑战[J]. 图书与情报,2012(5).

[45]和婷.大数据思维对图书馆信息服务工作的启示[J].图书馆建设,2014(1).

[46]贺钰滢,徐丽芳.《失去名字的小孩》掀个性化童书出版浪潮[J].出版参考,2016(6).

[47]洪云.大数据技术与数字出版模式研究[J].传媒,2015(12).

[48]胡誉耀.基于知识检索机制的网络出版模式[J].情报理论与实践,2009,32(11).

[49]黄晓斌,钟辉新.大数据时代企业竞争情报研究的创新与发展[J].图书与情报,2012(6).

[50]黄欣荣,李世宇.舍恩伯格大数据哲学思想研究[J].长沙理工大学学报(社会科学版),2017,32(3).

[51]冀潇,李杨.采用 ECharts 可视化技术实现的数据体系监控系统[J].软件学报,2017(6).

[52]姜鑫,王德庄,马海群.关键词词频变化视角下我国“科学数据”领域研究主题演化分析[J].现代情报,2018,38(1).

[53]蒋永福.论知识组织[J].图书情报工作,2000(6).

[54]蒋永福.图书馆与知识组织——从知识组织的角度理解图书馆学[J].中国图书馆学报,1999(5).

[55]蒋云平.面向 iPad 的移动学习系统研究与实现[D].武汉:华中师范大学,2012.

[56]介晶,熊秀鑫,谢冰.国家知识资源服务试点单位应用案例调查[J].出版参考,2019(7).

[57]柯平.后知识服务时代:理念、视域与转型[J].图书情报工作,2019(1).

[58]柯平.新世纪图书馆需要知识管理和知识服务[J].新世纪图书馆,2005(6).

[59]匡文波.手机出版:21 世纪出版业的新机遇[J].陕西师范大学学报(哲学社会科学版),2005(1).

[60]赖青,李海涛.大数据时代知识服务数字生态的构建[J].中国编辑,2018(9).

[61]李晨,杨俊安,刘辉.基于信息熵和 GA-ELM 的调制识别算法[J/OL].系统工程与电子技术:1 - 9[2019 - 10 - 23].http://kns.cnki.net/kcms/detail/11.2422.

TN.20190715.0909.002.html.

[62]李国杰.大数据研究的科学价值[J].中国计算机学会通讯,2012(9).

[63]李海峰.大数据下数字出版编辑的理念和职能创新探析[J].宁波大学学报(人文科学版),2015(2).

[64]李建华.知识的需求、供给和价格[J].当代经济科学,2000(3).

[65]李荣.大数据下数字出版编辑职能的创新性研究[J].传媒论坛,2019(5).

[66]李婷婷.新媒体时代数字出版发展策略研究[J].新媒体研究,2018,4(20).

[67]李雪松.论大数据技术在数字出版中的应用[J].科学技术创新,2017(28).

[68]李祎.基于图书情报机构智库建设的知识发现系统构建研究[J].图书馆工作与研究,2017(2).

[69]李育嫦.基于知识组织系统的网络知识服务研究[J].兰台世界,2019(11).

[70]李运文.试析大数据时代数字出版产业的发展趋势[J].经济研究导刊,2017(8).

[71]李征,李亚芬,李茂.数字出版资源库中的知识组织[J].计算机工程与设计,2016,37(5).

[72]梁荣贤.基于用户画像的图书馆精准信息服务研究[J].图书馆工作与研究,2019(4).

[73]廖建军.基于Nanopublication的知识服务架构解析[J].图书情报工作,2017(17).

[74]刘果,王铁军.论数字出版的个性化表达[J].编辑之友,2014(3).

[75]刘海鸥,姚苏梅,黄文娜,等.基于用户画像的图书馆大数据知识服务情境化推荐[J].图书馆学研究,2018(24).

[76]刘鲲翔,杜丽娟,丁雪.大数据技术在数字出版中的应用前景展望[J].出版发行研究,2013(4).

[77]刘茂林.粗剪:一种开放的数字出版模式[J].编辑之友,2010(11).

[78]刘岩,王华,秦叶阳,等.智慧城市多源异构大数据处理框架[J].大数据,2017(1).

[79]刘永坚,白立华,施其明,等.出版企业基于大数据开展知识服务的现实路径分析[J].出版参考,2017(11).

[80]刘泽照,张谦,黄杰.基于SNA的国际大数据研究结构态势[J].科学学与科

学技术管理,2014,35(11).

[81]刘展.从开放存取到数据开放背景下的数字出版业运行模式探析[J].中国出版,2018(8).

[82]刘志国,陈威莉,赵莹,等.构建图书馆知识服务理论体系的思考[J].现代情报,2016,36(11).

[83]柳斌杰.知识革命与大数据出版[N].中国新闻出版广电报,2019-06-03(3).

[84]鲁玉玲.专业出版领域知识服务平台内容资源基础的构建[J].编辑之友,2018(5).

[85]陆臻.从媒介环境学角度考察亚马逊“Kindle”模式及其启示[J].现代传播(中国传媒大学学报),2015,37(8).

[86]罗捷,李树峰,刘明洋.“不阅读的中国人”缘何那么多[N].新华每日电讯,2013-08-09(6).

[87]马费成.情报学的进展与深化[J].情报学报,1996(5).

[88]马国宝.大数据分析技术及其在数字出版中的运用探究[J].中国传媒科技,2017(7).

[89]弗雷茨,柏雯,曹子郁,等.大数据出版[J].出版科学,2017,25(1).

[90]孟建,赵元珂.媒介融合:粘聚并造就新型的媒介化社会[J].国际新闻界,2006(7).

[91]米加宁,章昌平,李大宇,等.第四研究范式:大数据驱动的社会科学研究转型[J].学海,2018(2).

[92]苗小勇,陈仕品.国外 Facebook 在教育中的应用研究[J].电化教育研究,2012,33(5).

[93]聂淑媛.数据科学的发展与人才培养研究[J].统计与信息论坛,2019,34(1).

[94]宁菁菁.基于“弱关系理论”的知识问答社区知识传播研究——以知乎网为例[J].新闻知识,2014(2).

[95]欧阳日辉.从新闻门户到社交媒体:门户网站的商业模式变迁与发展路径[J].新闻与写作,2019(2).

[96]潘亚楠.微博客 Twitter 探析[J].东南传播,2009(12).

[97]庞燕,程艳林.试论大数据时代数字出版内容生产方式转型[J].中国出版,2015(22).

[98]彭芬芬,席运江,廖晓,等.从商品主导逻辑到服务主导逻辑:起源、发展及未来研究展望[J].改革与战略,2015,31(11).

[99]钱皓.看喜马拉雅 FM 如何利用大数据改变“耳朵经济”[EB/OL].[2018-06-18].http://www.cbdio.com/BigData/2016-03/16/content_4688229.htm.

[100]邱楚芝.媒介融合背景下数字出版产业价值链治理研究[D].广州:暨南大学,2011.

[101]邱均平.专题:知识组织的热点与前沿[J].情报理论与实践,2015,38(1).

[102]戎军涛,吴鹏飞,李华.面向知识发现的学术文献内容情景模型构建研究[J].情报理论与实践,2019,42(3).

[103]邵培仁.论人类传播史上的五次革命[J].中国广播电视学刊,1996(7).

[104]舍恩伯格,肯尼思·库克耶.大数据时代[M].杭州:浙江人民出版社,2013.

[105]沈波,赖园园.网络问答社区“Quora”与“知乎”的比较分析[J].管理学刊,2016,29(5).

[106]沈东婧,江晓波,王斌.基于用户需求的图书馆个性化知识服务系统构建[J].情报探索,2010(1).

[107]书生之家.数字出版,引发书业革命[J].中国电子与网络出版,2003(4).

[108]宋学峰,赵蔚,高琳,等.社交问答网站知识共享的内容及社会网络分析——以知乎社区“在线教育”话题为例[J].现代教育技术,2014,24(6).

[109]苏新宁.大数据时代数字图书馆面临的机遇和挑战[J].中国图书馆学报,2015(6).

[110]苏玉娟.大数据知识的实现方法探析[J].山东科技大学学报(社会科学版),2019,21(1).

[111]孙婧,管青山,段立晖,等.科技期刊媒体融合出版现状与数字版权保护及建设思考[J].中国科技期刊研究,2018,29(8).

[112]孙雨生,常凯月,朱礼军.大规模知识图谱及其应用研究[J].情报理论与实践,2018,41(11).

[113]孙雨生,于凡,郝丽静,等.国内基于大数据的个性化服务研究进展:核心内

容[J]. 情报杂志,2017,36(10).

[114]孙玉玲. 大数据时代数字出版产业的发展趋势[J]. 出版发行研究,2013(4).

[115]谭磊. New Internet:大数据挖掘[M]. 北京:电子工业出版社,2013.

[116]汤超,胡冰,郑继承,等. 中国激光杂志社全媒体知识服务体系构建初探[J]. 中国科技期刊研究,2015,26(3).

[117]汤江,王世伟. 图书馆个性化知识服务发展报告[M]. 北京:科学出版社,2010.

[118]唐晓波,朱娟. 大数据环境下知识融合的关键问题研究综述[J]. 图书馆杂志,2017,36(7).

[119]陶楠. 数据挖掘技术在图书精准营销中的应用探析[J]. 出版发行研究,2016(8).

[120]腾讯科技. 腾讯 2019 年第三季度财报:小程序日活超 3 亿[EB/OL]. [2019-11-21]. https://tech. qq. com/a/20191113/009352. htm.

[121]滕广青,田依林,董立丽,等. 知识组织体系的解构与重构[J]. 情报理论与实践,2011,34(9).

[122]涂佳琪,杨新涯,王彦力. 中国知网 CNKI 历史与发展研究[J]. 图书馆论坛,2019,39(9).

[123]王红梅. 基于知识创新的大数据资源管理系统研究[J]. 管理观察,2018(26).

[124]王卉,张瑞静. 人工智能技术在数字出版中的应用现状与发展趋势[J]. 出版发行研究,2018(2).

[125]王军. 数字出版平台:概念、本质及其基本功能[J]. 出版发行研究,2017(3).

[126]王坤. 大数据时代数字出版产业现状与未来走向[J]. 新媒体研究,2017(4).

[127]王宁. 数据决胜未来:京东自出版模式对传统出版企业的启示[J]. 出版发行研究,2015(9).

[128]王沛. 出版内容的数字化向数据化转型[J]. 智库时代,2019(16).

[129]王睿,姜进章. 从嫁接到独立:行为理念下 VR 出版未来发展的核心与样态[J]. 出版发行研究,2019(7).

[130]王天泥. 知识咨询:大数据时代图书馆的知识服务增长点[J]. 图书与情报,

2013(2).

[131]王永亮.电子书传播文化平台探索——以亚马逊 Kindle 营销为例[J].出版广角,2017(21).

[132]王豫.满足个性化学习需求的数字教育出版模式研究[J].出版科学,2012,20(2).

[133]王曰芬,张柏瑞,周玜宇.知识服务研究状况及在大数据环境下的研究趋向[J].数字图书馆论坛,2018(3).

[134]王曰芬.创新驱动发展需要基于大数据的知识服务[J].数字图书馆论坛,2018(3).

[135]王知津,张国华.知识组织概念模型及相关问题[J].中国图书馆学报,2004(4).

[136]王知津.知识组织的目标与任务[J].情报理论与实践,1999,22(2).

[137]王钟雄.微信或将推动数字出版新革命[J].出版广角,2013(15).

[138]韦英平.个性化出版:未来的主流出版形态[J].出版发行研究,2014(1).

[139]文庭孝,罗贤春,刘晓英,等.知识单元研究述评[J].中国图书馆学报,2011(5).

[140]文燕军.数字时代的按需出版发展探析[J].出版科学,2014(4).

[141]吴晖,徐丹琪.我国知识组织研究述评[J].情报杂志,2007(6).

[142]吴申伦,蒋三军.融合发展下数字出版商业模式创新与整体管理[J].科技与出版,2018(3).

[143]吴思竹,李峰,张智雄.知识资源的语义表示和出版模式研究——以 Nanopublication 为例[J].中国图书馆学报,2013(4).

[144]吴玉浩,姜红,高思芃.大数据驱动下技术标准化与知识管理的协同机制研究[J].现代情报,2019,39(1).

[145]武迪,叶新.学乐公司探索儿童书出版新模式[J].出版参考,2009(25).

[146]肖花.新时代智慧图书馆知识服务融合模式研究[J].新世纪图书馆,2019(3).

[147]谢新洲.电子出版技术[M].北京:北京大学出版社,2006.

[148]新浪科技.微博发布 2019 年第三季度财报[EB/OL].[2019-11-21].https://tech.sina.com.cn/i/2019-11-14/doc-iihnzahi0866458.shtml?source=cj&dv=1.

[149]徐丽芳.数字出版:概念与形态[J].出版发行研究,2005(7).

[150]徐绪堪,房道伟,蒋亚东.基于知识单元的知识组织过程研究[J].情报理论与实践,2014,37(10).

[151]徐宗本,张维,刘雷,等."数据科学与大数据的科学原理及发展前景"——香山科学会议第462次学术讨论会专家发言摘登[J].科技促进发展,2014(1).

[152]许晶晶."大数据出版"对图书馆知识服务的机遇与挑战[J].出版发行研究,2015(7).

[153]闫闵,过仕明.高校数字图书馆知识服务模式创新研究——基于读者行为偏好[J].情报科学,2018,36(5).

[154]阎晓宏.关于出版、数字出版和版权的几个问题[J].现代出版,2013(3).

[155]杨良斌.数据挖掘领域研究现状与趋势的可视化分析[J].图书情报工作,2015(S2).

[156]杨舒怡.国内外知识付费平台的对比分析[J].情报探索,2019(6).

[157]杨曙.大数据时代下的数字出版营销策略[J].晋中学院学报,2015(2).

[158]杨小云,陈雅.知识需求与提供研究[J].情报杂志,2004(3).

[159]杨晓鸣.出版是什么[J].出版科学,2001(3).

[160]杨洋,陈立军,张莹.我国竞争情报系统模型构建研究综述[J].情报科学,2016,3(6).

[161]姚瑞卿,袁小群.基于区块链技术的数字出版知识产权管理——以知识服务应用为例[J].出版广角,2019(17).

[162]于正凯.再论数字出版的概念及融合发展的关键[J].传媒,2017(23).

[163]于志涛,韦文杰.大数据时代数字出版产业链的变革与重构[J].科技与出版,2016(2).

[164]余海燕.大数据技术在传统出版社数字出版中的应用分析[J].出版发行研究,2016(7).

[165]袁曦临,王骏,刘禄.纸质阅读与数字阅读理解效果实验研究[J].中国图书馆学报,2015(5).

[166]张琛.数字出版的本土概念与实践:一种基于产业关联的实证研究视角[J].出版发行研究,2018(3).

[167]张晨逸,孙建伶,丁轶群,等.基于MB-LDA模型的微博主题挖掘[J].计算

机研究与发展,2011,48(10).

[168]张红丽,吴新年.知识服务及其特征分析[J].图书情报工作,2010(3).

[169]张宏.从转型走向破局——关于数字出版与纸质出版的博弈[J].编辑学刊,2011(3).

[170]张华宝."知识服务"概念解读的两个视角比较[J].图书馆论坛,2011,31(2).

[171]张兰萍.传统出版社开展数字出版业务的策略探讨[J].编辑之友,2015(5).

[172]张立.数字出版的若干问题讨论[J].出版发行研究,2005(7).

[173]张立伟.大数据时代我国数字出版产业的发展境遇与进路[J].山西农业大学学报(社会科学版),2017(12).

[174]张丽华.知网节与知识网络[J].现代图书情报技术,2006(9).

[175]张璐,申静.知识服务模式研究的现状、热点与前沿[J].图书情报工作,2018(10).

[176]张美娟,孙晓翠,潘涵.基于数据挖掘的图书精准营销创新[J].科技与出版,2015(8).

[177]张晓林.走向数据驱动和计算分析支撑的知识发现[J].数据分析与知识发现,2017,1(1).

[178]张晓林.走向知识服务:寻找新世纪图书情报工作的生长点[J].中国图书馆学报,2000(5).

[179]张耀元.基于媒介融合视角的数字出版分析[J].出版广角,2014(Z1).

[180]张玉峰,李敏,晏创业.论知识检索和信息检索[J].中国图书馆学报,2003(5).

[181]张振宇,周莉."大数据出版"的理念、方法及发展路径[J].出版发行研究,2015(1).

[182]张志平,杨建伟.语义网技术及应用研究综述[J].情报学报,2008(5).

[183]张智雄,吴振新,刘建华,等.当前知识抽取的主要技术方法解析[J].现代图书情报技术,2008(8).

[184]章小童,阮建海.2006—2015年高校图书馆竞争情报服务研究领域主题演化分析[J].情报科学,2016,34(11).

[185]赵合,薛蓉娜.亚马逊数字出版全球化策略及启示[J].出版发行研究,

2017(11).

[186]赵文义.学术期刊大数据出版研究[J].出版发行研究,2016(3).

[187]中国政府网.国务院关于印发促进大数据发展行动纲要的通知[EB/OL].[2019-10-18].http://www.gov.cn/zhengce/content/2015-09/05/content_1013709.htm.

[188]周军兰.长尾理论与图书馆[J].图书情报工作,2007(4).

[189]周朴雄,陈涛.虚拟社区中基于相似标签聚类的语义信息推荐[J].情报理论与实践,2013,36(10).

[190]周煜.大数据时代出版行业发展趋势分析[J].中国出版,2014(7).

[191]朱鹏.基于知识图谱的知识导航服务研究[J].无线互联科技,2019,16(3).

[192]祝兴平."大数据"与期刊产业的数字出版[J].出版参考,2013(34).

[193]祝兴平.大数据分析技术及其在数字出版中的应用[J].出版发行研究,2014(4).

[194]资武成,方卿.大数据时代数字出版企业的价值共创研究[J].出版科学,2016,24(4).

附录　数字出版用户知识服务需求调查问卷

尊敬的女士/先生：

您好！为了解数字出版用户知识服务需求，推动数字出版机构更好地为您提供服务，我们开展以下问卷调查。您的回答无所谓对错，反映您的真实情况与观点即可。非常感谢您的支持和配合！

请您在以下问题的合适的选项序号上画“√”。

郑州航院“数字出版知识服务研究”课题组

一、您的个人资料(仅限于统计目的)

1. 您的性别(单选)：

□(1)男　　□(2)女

2. 您的年龄(单选)：

□(1)20 岁以下　　□(2)20—30 岁

□(3)31—40 岁　　□(4)41—50 岁

□(5)51—60 岁　　□(6)60 岁以上

3. 您的最高学历(包括在读)(单选)：

□(1)高中或中专及以下　　□(2)大专

□(3)本科　　□(4)硕士

□(5)博士

4. 您的职业(单选)：

□(1)学生　　□(2)教师

□(3)政府机关/事业单位科研人员

□(4)政府机关/事业单位非科研人员

□(5)企业科研人员　　□(6)企业非科研人员

□(7)待业/下岗/离退休　　□(8)自由职业者

□(9)其他

5. 您个人每个月的收入(包括工资和其他收入)是多少?(单选)

□(1)2000 元以下　　□(2)2000—3999 元

□(3)4000—5999 元　　□(4)6000—7999 元

□(5)8000—9999 元　　□(6)10 000 元及以上

二、您的数字出版使用情况

1. 您目前获取知识的途径以哪种类型为主?(单选)

□(1)以纸质出版物为主　　□(2)以数字出版物为主

□(3)二者基本相当

2. 您目前获取知识的数字出版物以哪个为主?(单选)

□(1)电子图书　　□(2)数字期刊

□(3)数字报纸　　□(4)微信/微博

□(5)其他________

3. 您每天用于数字出版阅读时间最长的电子设备是哪个?(单选)

□(1)台式电脑　　□(2)笔记本电脑

□(3)iPad 等平板电脑　　□(4)手机

□(5)kindle 等手持阅读器　　□(6)其他________

4. 您平均每天阅读数字出版资源的时间大概有多少?(单选)

□(1)几乎没有　　□(2)0.5 小时以内

□(3)0.6—1 小时　　□(4)1.1—1.5 小时

□(5)1.6—2 小时　　□(6)2 小时以上

5. 您获得数字出版资源的最主要的途径是哪个?(单选)

□(1)网上免费获取　　□(2)公共图书馆免费获取

□(3)向他人免费索取　　□(4)单位购买提供

□(5)自己付费购买　　□(6)其他________

三、您的数字出版资源需求情况

1. 您对数字出版资源的需求程度如何?(单选)

□(1)非常强烈　　□(2)比较强烈

□(3)一般　　□(4)比较不强烈

□(5)非常不强烈

2. 您使用数字出版最主要的目的是获得哪方面的知识?(单选)

□(1)生活及休闲娱乐　　□(2)科研工作

□(3)非科研工作　　□(4)学习

□(5)其他________

3. 与纸质资源相比,您选择数字出版获取知识的主要原因有哪些?(限选三项)

□(1)价格便宜　　□(2)资源更多

□(3)方便获取　　□(4)方便阅读

□(5)便于使用　　□(6)便于携带

□(7)易于保存　　□(8)时效性强

□(9)其他________

4. 与纸质资源相比,您认为通过数字出版获取知识的不足之处有哪些?(限选三项)

□(1)电子设备价格太贵　　□(2)不方便记忆

□(3)难以深层阅读　　□(4)对写字越来越生疏

□(5)眼睛容易疲劳　　□(6)不方便做笔记和做阅读标记

□(7)减少了阅读的乐趣　　□(8)内容资源更少

□(9)其他________

四、您对数字出版知识服务的评价

1. 您对目前的数字出版知识服务的满意程度如何?(单选)

□(1)非常满意　　□(2)比较满意

□(3)一般　　□(4)比较不满意

□(5)非常不满意

2. 以下几种数字出版知识服务方式,哪种是您最需要的?(单选)

□(1)您到数字出版资源库中自主查询

□(2)您提出需求后由数字出版机构提供专题服务

□(3)数字出版机构为您定期推送相关知识

□(4)数字出版机构提供在线咨询服务

□(5)其他________

3. 对于数字出版知识服务的设施及技术,您认为以下哪些方面是最重要的?(限选三项)

□(1)界面友好　□(2)操作方便

□(3)响应速度快　□(4)语义出版

□(5)全文检索　□(6)更多下载权限

□(7)可通过多种设备来使用　□(8)提供云存储

□(9)其他________

4. 对于数字出版知识服务的流程,您认为以下哪些方面是最重要的?(限选三项)

□(1)知识导航　□(2)知识体系脉络

□(3)检索方式　□(4)检索结果呈现

□(5)相关知识链接　□(6)知识挖掘分析

□(7)决策建议　□(8)其他________

5. 对于数字出版知识资源的质量,您认为以下哪些方面是最重要的?(限选三项)

□(1)权威性(资源内容可靠)　□(2)完备性(资源内容完整)

□(3)深入性(内容有深度)　□(4)多样性(多种资源类型)

□(5)可用性(提供解决方案)　□(6)针对性(针对用户需求)

□(7)时效性(反映最新知识)　□(8)合法性(不侵犯知识产权)

□(9)其他________

6. 在使用数字出版获取知识时遇到困难，您通常如何解决？（限选三项）

□(1)放弃使用　□(2)看使用指南

□(3)找“常见问题解答”　□(4)留言板留言

□(5)在线咨询　□(6)打客服电话

□(7)询问其他人　□(8)其他________

7. 对于数字出版知识服务的客户服务，您认为以下哪些方面是最重要的？（限选三项）

□(1)对用户需求的主动挖掘　□(2)认真听取用户的建议

□(3)对用户反馈的及时响应　□(4)与用户实时互动

□(5)提供专业指导　□(6)赋予用户评价的权利

□(7)赋予用户参与、建设的权利　□(8)维护用户的知识产权

□(9)其他________

8. 您最希望获得哪些个性化的服务？（限选三项）

□(1)个性化界面设计　□(2)个性化知识定制

□(3)个性化知识推送　□(4)个性化知识呈现

□(5)个性化资源存储　□(6)个性化互动

□(7)个性化跟踪服务　□(8)其他________

9. 对于数字出版知识服务，您个人可接受的费用是多少(元/每年)？（单选）

□(1)必须免费　□(2)1000 元以内

□(3)1000—4999 元　□(4)5000—9999 元

□(5)10 000 元以上

10. 您对目前的数字出版知识服务的收费水平如何评价？（单选）

□(1)非常高　□(2)比较高

□(3)一般　□(4)比较低

□(5)非常低

问卷到此结束，再次感谢您的支持！